うまくいっている人がしている

自己肯定感を味方にするレッスン

自己肯定感の第一人者
心理カウンセラー　中島輝

PHP

はじめに

自己肯定感の世界へようこそ！

自分の人生を、自分でデザインしよう

自己肯定感が高まれば、人生はうまくいく！

「自己肯定感が高く、物事のポジティブな面が見られる人は、自分を信じられる人です。そして、自分を信じられる人は、不可能を可能にする方法を探し、可能性を広げていくことができます」

「自己肯定感を高めたい！」という願いを持つ人に、私はいつもこの励ましのメッセージを伝えています。自己肯定感が高いと、「何が起きても大丈夫！」「何でもできる！」「私の未来は明るい！」というポジティブなエネルギーが湧いてきて、人生を楽しむためのアイデアがたくさん生まれます。

そう、自己肯定感は、前向きに生きるためのエネルギーの源泉なのです。

では、ポジティブなエネルギーが内側からあふれてくる人になるにはどうしたらいいでしょう？　その答えを、本書ではたっぷりお伝えしていきます！

その前に、みなさんに覚えておいて欲しいことが三つあります。

一つ目は、自己肯定感は誰にでも生まれながらに備わっているということです。

二つ目は、自己肯定感は一度高めれば一生安定するものではなく、上がったり下がったりするものだということです。普段から自己肯定感が高い人でも、自己肯定感が下がってしまうことはあります。

三つ目は、自己肯定感は何歳からでも高められるということ。雨が降るから虹が出るように、これまで自己肯定感が低かったとしても、心の持ち方をポジティブにするだけで、いつからでも高めることができます。

大切なのは、どうすれば自己肯定感を上げられるのか、その方法を把握しておくことです。そのためには、「自分」についての理解を深める必要があります。特に、今の気分がわかっていれば、自己肯定感を高める方法が自《おの》ずと導き出されます。

本書のカバーに巻かれた帯の心理テストをご覧ください。パッとイラストを見て、A、B、C、Dのどれが今の気分にフィットするか選んでください。それによって、あなたに合った本書の読み方をご紹介します。

A［エネルギッシュな犬］を選んだあなたは？

キーワードは情熱。あなたは今、エネルギーにあふれていて、胸に熱い思いを秘めているのではないでしょうか。行動力も高まっています。

この傾向が強い人は、自己肯定感が高いときはエネルギッシュになり、行動力が加速します。しかし、自己肯定感が低くなるとせっかちになったり、ミスが増えたり、イライラしたりします。

そんなあなたにおすすめなのは、第2章「昨日より今日が楽しみになる 心を整えるレッスン」です。

B［自由を楽しむ猫］を選んだあなたは？

キーワードは自由、解放。あなたは今、楽しみなことがあるのではないでしょうか。探究心にあふれていて、「何でも知りたい」という好奇心も高まっています。

この傾向が強い人は、自己肯定感が高いときは物事のポジティブな面や楽しみを見つけるのが上手になります。しかし、自己肯定感が低くなると物事のネガティブな面や、人の嫌なところばかりが目に入るようになります。

そんなあなたにおすすめなのは、第3章「今と未来に幸せを呼ぶ15のルール」です。

C［穏やかに過ごす猫］を選んだあなたは？

キーワードは冷静。あなたは今、心穏やかに過ごせているのではないでしょうか。自分だけでなく周囲の人にも惜しみなく愛情を注げるような懐の深さがあります。

この傾向が強い人は、自己肯定感が高いときはさらに心が穏やかにしずまって、人に愛情をどんどん与えたくなります。しかし、自己肯定感が低くなると愛情が不足して、他者に承認欲求を求めたくなってしまいます。

そんなあなたにおすすめなのは、第4章「人生がもっと楽しくなるポジティブワード」です。

D［しっかりしている犬］を選んだあなたは？

キーワードは調和。あなたは今、周囲に丁寧な気配りができているのではないでしょうか。バランス感覚も優れていて、考え方や行動にも偏りがありません。

この傾向が強い人は、自己肯定感が高いときはさらにバランス感覚が良くなり、心地いい人間関係を築くことができるようになります。しかし、自己肯定感が低くなると気を配りすぎて苦しくなったり、和を乱す人を許せなくなったりします。

そんなあなたにおすすめなのは、第5章「ときめく毎日、自分を大切にしながら生きる自己肯定感レシピ」です。

いかがでしたか？　気分は日によって変わるものなので、「昨日はAだったけど、今日はBだった」ということもあると思います。その日の気分に合わせて、自己肯定感を上げる方法を試していきましょう。

自己肯定感は、上げようとしなければ上がりません。人生は誰かに承認してもらって完成するものではなく、自分で納得しながらデザインしていくものです。

「私は自己肯定感が高い！　可能性は無限大」
「すべて何とかなるし、その気になれば何でもできる！」

あなたが、「自分には素晴らしい自己肯定感が備わっている」と信じることが、自己肯定感を高める第一歩です。

今、「自分は自己肯定感が低い」と思っている人もいるかもしれません。自己肯定感をもっと高めて、成功や幸せを手に入れたいと思っている人もいるでしょう。ご安心ください。あなたにはあなただけの幸せがあります。

幸せは訪れるのを待つものではなく、自分で呼び込むものです。

本書には、自己肯定感を高めるための実用的なアイデアやワークが満載です。読むだけでも自己肯定感は高まりますが、ぜひ実際に行動を起こしてみてください。


上を見るか、下を見るかは自分で決められます。

自分と未来は変えられるのです！


あなたの人生に奇跡を起こすもの。それは自己肯定感です。

さぁ、与えられるのを待つ人生を手放し、もっと前向きに、積極的に、あなたらしい人生を送りましょう。

あなたの手の中には、すでに幸せがたくさんあります。

大丈夫、あなたは一人ではありません。

私と一緒に、胸を張って自己肯定感を高めていきましょう！

もくじ

第1章 もう手にしている！ 思い描いた人生を切り開くチャンス

第2章

昨日より今日が楽しみになる心を整えるレッスン

第3章　今と未来に幸せを呼ぶ15のルール

第4章 人生がもっと楽しくなるポジティブワード

第5章 ときめく毎日、自分を大切にしながら生きる自己肯定感レシピ

第1章

もう手にしている！思い描いた人生を切り開くチャンス

気楽にのびのびと、
やりたいことをやってみよう
楽しいほうを選べば、
未来は動き始める！

幸せを選ぶと、人生はもっと楽しくなる

こんなエピソードがあります。

とらわれの身である二人の男が、鉄格子から外を見ていた。
一人は下を向いて地面の泥を眺めながら絶望感を抱き、
一人は上を向いて空に輝く星を眺めて希望を抱いていた。

つらいことがあったときに、星を眺めていた男のように、ふと美しいものに気がついて気持ちが晴れた経験はありませんか？

私たちは、下を向くか上を向くかを、すべて自分で選んでいます。「今日はいろいろあって最悪だった」と泥を眺めるのも自分だし、「今日はいろいろあったけど、こんないいこともあったし、ここは成長できた」と星を眺めるのも自分です。

何を見て、何を大切にするか、どちらの方向に進むかを自分で選ぶことができるということは、自分で自分を幸せにする選択ができるということです。選んだ結果、下

を向くことになってしまっても、それが自分で選んだことならば後悔は少なくなり、納得のいく人生を歩むことができます。

そんなふうに自分で選びながら生きていくと、誰かと自分を比較したり、誰かの真似をしたり、自分を取り繕ったりすることが減っていき、自分の信念に基づいて生きていくことができるようになります。さらには、鉄格子から空を見上げた男が希望を見出したように、自分の身に起きることをポジティブに捉えられるようになり、絶えず自分の内側からポジティブなエネルギーがあふれていきます。

迷ったりブレたり回り道したほうが、毎日は輝く

「自己肯定感が高い人」と聞くと、「ブレない自分らしさ」や「強い芯」を持つ人が思い浮かぶかもしれません。

自分に自信を持っていて、どんなときも堂々と自己主張ができる人を見ると、「あの人は自己肯定感が高いんだろうなぁ」なんて思いませんか？

確かに、それは自己肯定感が高い人の一つの特徴ではありますが、すべてではありません。自己肯定感が高い人の最大の特徴は、柔軟性があるということです。

柔軟性がある人の心には「あそび」があります。

あそびがあると、考えるときや感じるとき、自己表現をするときに、「絶対にこれ！」と一つに執着することがありません。「あれもいいし、これもいいし、どっちでもいい気がする。でも今は、これにしておこうかな」と、選択肢にやわらかさとゆとりがあるのです。「私はこれがいい」と思っていても、周りの状況や他者の意見しだいでは、「それもいいよね」と、ゆるやかに考えを変えていけます。

そう、自己肯定感が高い人は、頭と心がとてもやわらかく、いいことも悪いこともすべて笑顔で受け入れられる人なのです。

思い通りにならなくても、楽しみはたくさんある

もう少し、あそびについて考えてみましょう。

あそびとは、自分の内側にある、まっさらで自由な空間です。そのまっさらな空間があると、自分の身に起きるすべてのことを受け入れることができます。たとえ他者の異なる意見が飛び込んできても、思い通りに物事が進まなくても、あそびがあれば、「そういうこともあるよね」と広い心で受け入れることができるのです。

その空間は、誰の心の中にもあります。

ただ、人によってその空間が大きかったり小さかったりするので、これから本書で紹介していく自己肯定感を高める方法を取り入れていけば、どんどん広げていくことができます。

右に行ってもいいし、左に行ってもいい、上でも下でもいいと、自由自在に変化していける姿勢が持てるようになると、人生はさらに楽しいものになっていきます。ぜひ、本書を通じて一緒にやわらかな心を育てていきましょう。

ところで、多くの人が憧れる「ブレない自分らしさ」や「強い芯」ですが、次々に変わりゆく時代の波に乗っていくには、それらはかえって邪魔になってしまうことがあります。

明日何が起こるかわからないのに、「昨日はこれでうまくいったから、今日も絶対にこれでうまくいくに違いない！」という保証はどこにもないからです。そればかりか、「ブレない自分らしさ」に従って、うまくいった過去のやり方を貫こうとした結果、失敗してポキッと心が折れてしまう可能性だってあります。

それに、これが好き、これが嫌い、これが絶対いい、これが絶対ダメと白黒はっきりつけてしまうと、社会にたくさんある、豊かで複雑で素晴らしい「多様性」という光が見えなくなってしまいます。

自己肯定感が高く、しなやかな心を育てるために必要なのは、絶対的で強固な自分軸ではなく、風が吹けば自然と揺れる、野に咲く花のような気ままで透明感のある柔軟性です。

生まれたばかりの赤ちゃんを思い浮かべてみてください。いかなる価値観や思想にも染まらず、純粋無垢《むく》に世界を楽しんでいます。その生きる姿には、まさに柔軟性があります。

大人になるにつれ、さまざまな思い込みや決めつけによってそのしなやかさはすり減ってしまいがちですが、私にも、あなたの中にも、柔軟性は必ずあります！　自己肯定感が高く、幸せに包まれているのが、私たちの本来の姿だからです。

思い出してみましょう。

「生きているだけで楽しい」

「人と出会うだけで楽しい」

「何をしていても楽しい」

そんな柔軟な心は、すでにあなたの中にもあるのです。

「しなやかさ」はあなたの心の中にきっとある

とは言え、人生には歓迎すべきことばかりが起こるわけではありません。しなやかに受け入れようと思っても、すぽっと落とし穴にはまったかのように、一つの考えに執着して、受け入れたくても受け入れられないもどかしさに苦しむことがあります。

そんなときは、自分の意思とは関係なく、人は絶えず前向きに成長し続けているんだ！　ということを思い出してください。

人は、死ぬまで変容を続けています。生まれたばかりの赤ちゃんから比べれば、今の自分は成長が止まっているかのように見えるかもしれません。しかし、人は生きている限り、常に成長を続けています！

過去を振り返ってみてください。人から嫌なことを言われたとき、何とか自分で対応して、その経験を生きるエネルギーに変えてきませんでしたか？　つらいことがあっても、少しでもラクになればと、小さな工夫を重ねて乗り越えたこともあったのではないでしょうか。

進んだり、休んだり、たまには後ろに下がったりしながらでも、みなさんは前を向いて一歩一歩生きてきたはずです。それは、生きるためにしなやかに成長し続けてきたからこそできたことです。

すでにあなたは、充分しなやかに生きてきたのです！　これからも、その柔軟性をさらにピカピカに育てていきましょう。それだけで、日々はさらに輝きを増していきます。

チャンスの翼はどこまでも自由に広げていい

私は、自己肯定感とは、**「私が私であることに満足でき、自分を価値ある存在だと受け入れられること」**だと考えています。

「私が私であることに満足できている」とは、どういう状態なのでしょう？

満足とは、地位やお金、物、人間関係などの目に見えるもの、つまり、「この仕事をしている私」や、「あの人とつきあっている私」「こんな肩書きを持って、これだけのお金を得ている私」に満足しているということではありません。

「私は何を大切に生きていきたいの？」

「私はどんな人間になりたいの？」

その小さな問いかけをいつも持ち続け、そのときどきで最適だと思う答えを導き出し、自信を持って生きている自分に満足するということです。

満足は、いったんそれを感じたらおしまいというものではありません。

時の流れと共に、「自分は何を大切に生きているのか？」「自分はどんな人間になりたいのか？」という問いへの答えが少しずつ変化していくように、満足感も、絶えず形を変え、変化していきます。

この「変化」が、人生に彩りを与えてくれます。

そして、その変化に柔軟に対応できたとき、人は、自分という存在に満足感を覚え、「自分は価値がある存在だ」と受け入れることができるのです。

変化に柔軟に対応するのは、難しいことでも、大変なことでもありません。

とても楽しいことです！

何が起きても身軽に受け入れ、チャンスの翼をどこまでも自由に広げ、既存の枠組みをひょいっと飛び越えて、次から次へと新しい発想、新しい行動を生み出していくのは、まるで夢中になってあそぶ子どものような感覚です。

そのあそび心が、自己肯定感というものの正体なのかもしれません。

素直に、無邪気に、純粋に、何が起きてもまっさらな心で受け止めていきましょう。そこから柔軟性が生まれ、心はもっと前向きになります。

いいことも悪いことも、すべては大切なギフト

柔軟な心で自己肯定感を養っていくと、ふと気づくことがあります。

それは、自分の人生を自分でデザインできているという実感と自信です。

そう、そのときどきでしなやかに選んできた道のりが、自分の人生をデザインすることにつながっていくのです。

自分で自分の人生をデザインするというのは、とても楽しいことです。誰かの決めたレールの上を歩むのではなく、自分で決めた道をわくわくしながら歩いていけるからです。そこには大きな喜びがあり、「こうしよう、ああしよう」という創意工夫のアイデアが次々と生まれていきます。

幸せは瞬間的なものではなく、動きと流れがあるものです。その動きに乗って日々新たに、自分の身に起きるすべてを徹底的に肯定して感謝していきましょう。

そうすれば、良いも悪いも、好きも嫌いも関係なく、すべての出来事は自分の人生

をデザインするための必要なギフトであることに気がついて、生きていくのがますます楽しくなります。

私たちは、自分の人生を誰かに肩代わりして歩んでもらうことはできません。自分の身に起こる出来事や、思考や感情のすべてを受け入れて、ありのままのあなた自身の足で生きていきましょう。

あなたの心の美しさは、さらに磨かれていく！

幸せとは、満ち足りることではなく、気づき続けること――。

何を削ぎ落として、何を選び取って、何を大切にして生きていくかは、人それぞれ違います。

「これが美しい」と思う感性は、誰のものでもなく、あなただけのものです。誰かが決めた公式や文脈に自分を当てはめる必要はありません。

それがわかっていれば、大切にしているものを他者が見せてくれたとき、「あなたも素敵だし、「私も素敵」と自分と他者を認めることができるようになります。そうやってカラフルな多様性を認められるようになっていくと、見える景色はどんどん変わり、自己肯定感はぐんぐん高まっていきます。

この本を手に取った時点で、あなたはすでに気づきのステージに立っています。

さぁ、さらに素敵な自分に変わる準備はできていますか？

自己肯定感を高め、しなやかな心を育てていくために、これから一緒にレッスンを重ねていきましょう。

自分の心がしなやかになっていくたびに、生きていることを愛おしく感じられるようになりますよ。

柔軟に、しなやかに。

自分の感性の花を、思い切り咲かせていきましょう。

第2章

昨日より今日が楽しみになる心を整えるレッスン

心が整うと、自然と気持ちが前向きになるね！
人にも自分にもやさしくできるようになるし、いいことだらけ

自分と相手との間にゆるやかに線を引く

自己肯定感が高い人は、相手と自分との間に距離を保つことを意識しています。**私は私だし、人は人。**目の前の苦しんでいる相手に手を差し伸べることはできても、苦しみから抜け出すか、そのまま苦しみに留《とど》まるかは相手が決めることで、自分の手が及ばない範囲のことだと心得ています。

では、なぜ自己肯定感が高い人は、そのような距離のとり方ができるのでしょうか。

それは、相手の感情に「移入」することと、相手の感情に「思いを馳《は》せる」ことの違いをわかっているからです。

距離感がうまく保てない人がよくしてしまうのが、相手に感情移入するということです。感情移入してしまうと、相手と自分との境目がわからなくなってしまいます。そして、相手の問題なのにまるで自分事のように感じてしまい、「もっとこうしたらいいのに」「こうしてあげなくちゃ」と、相手をコントロールしようとしてしまいます。

その結果、必要以上に相手に手出しや口出しをしてエネルギーを消耗したり、いつまでも引きずってしまったり、相手に嫌われてしまったりします。

一方、**相手の感情に思いを馳せるということは、相手の状況や感情を想像して、まるで映画を観《み》ているかのように自分の心に映し出して眺めるということです。**相手が今どんな思いを抱いているのか、めいっぱい想像力をめぐらせます。それは感情移入とは一味違う感覚です。感情の主導権を握っているのはあくまで相手であると心得たうえで、相手の状況をただ眺めるということをします。

相手の状況をただ眺めるということは、良い人間関係を育むためにも、そして自己肯定感を安定させるためにも、大切なことです。

相手の感情に入り込みすぎてしまうと、いったいどこからどこまでが相手の感情で、どこからどこまでが自分の感情なのかがわからなくなってしまいます。自分の感情のありかを見失った心は根無し草のようになり、ふわふわと浮いてしまって、自分に自信が持てなくなってしまいます。

相手と距離が近づきすぎてしまったなと気づいたときは、「自分を慈しむこと」に意識のベクトルを向けましょう。

自分を慈しむということは、相手に向いていたベクトルを自分に向けるということです。ただし、目を向けるのは感情や思考ではありません。自分が今、確かにここに存在しているということを確認していくのです。

私は、人の心に感情移入しすぎている人には、「自分の爪に目を向けてみて」と伝えています。爪や髪の毛が自然と伸びていることや、止まることなく心臓が動き、呼吸が続いていることなど、自分がコントロールしなくても自然とできていることに目を向けてもらいます。すると、自分の存在感が色濃くなり、自分は自分の人生を生きるしかないし、相手も相手の人生を生きるしかないということに気づけるようになります。

どんなに親しい関係でも、相手と自分との間には距離があるということを忘れずにいましょう。たとえ相手が大変な状況にあっても、そこから抜け出す最後の力を振り絞るのは、その人自身です。

あなたにできるのは、

「では、私にはどんなお手伝いができるだろうか」

と思いを馳せることだけです。

「私には何ができるだろう」と考えられるようになると主体は自分になるので、問題意識は自分の内側に芽生えます。

距離をとるポイントは、眺めることです。

相手は今、どんな状況にあって、どんな感情を抱いているのか、透明な心で眺めていく。そして、いろいろな角度から観察してみる。すると、自分がすべきことがはっきりしてくるはずです。

相手の心を決めつけたり、深読みしたりしない

人との距離をとるためには相手の状況や感情をただ眺めるといい、ということを前項でお伝えしましたが、それができるようになったら、もう一つ加えてほしい視点があります。

それは、自分を眺めるという視点です。

こんなことはありませんか？　相手のことをただ観察していたはずが、気づけば勝手な思い込みで相手の心を深読みしていたという経験です。

「あの人は私とは違う意見を持っているから、私のことを批判してくるかもしれない」「あの人は私のことが嫌いなんだ」「あの人とは気が合わなそうだ」などと、あま

り相手のことをよく知らないのに勝手に決めつけてしまったり、「もしかすると余計なことを言ってしまったかもしれない」「あんなことを言ってしまうなんて私はダメだ」と、相手の目を気にしすぎてしまったり……。

そんなときに足りないのは、自分の内側を観察する目です。相手を観察しながら、同時に、「私はこんなことを思っているんだ」「こんなふうに感じているんだ」ということに、一つひとつ気づいていく必要があるのです。

このときポイントとなるのは、**たとえ好ましくない思考や感情が浮かんできても、どれも否定せずに受け止めていく**ということです。思考や感情を「こんなふうに思ってもいいけど、こんなことを考えてはいけない」と良い悪いに分けてしまうと、「完璧でなければならない」と自分に厳しくなってしまいます。

人は、完璧を目指すと視野が狭くなり、柔軟性を失って頑《かたく》なになります。すると、自分の行動や思考、感情を厳しく監視するようになるだけでなく、相手の心までもコントロールしたくなってしまいます。そして、相手に対しても自分に対しても、「ただ眺める」ということができなくなってしまうのです。

「こうしなければならない」という窮屈な思考は、「ただ眺める」ことを邪魔します。この邪魔が入ると、さまざまな問題が起きます。相手をコントロールしようとしたり、見下したり、存在価値を否定したり、自分の優位性を見せつけようとしたり、過度な期待をして同意を求めるようになってしまったりするのです。

そうならないために必要なのが、自分の中に浮かんできたどんな思考や感情も否定せずに、全部受け止めるということなのです。

はじめはうまくできなくても、繰り返し練習すると受け止められるようになり、心に余裕が生まれます。その余裕があるからこそ、「この人は、こう考えるんだ。それはなぜなんだろう」と、柔軟に考えられるようになるのです。

また、たとえ相手から批判されたとしても、心が乱れることが減っていきます。それればかりか、相手の批判の声の中から、自分の成長にとって必要なエッセンスを選び取ることができるようになります。

とは言え、相手も自分もただ眺めることができないときもあります。そういうときは、自己肯定感が低下しているときです。相手を否定したくなったり、自分にダメ出しをしたくなったりしたときは、いったんすべてを手放して、ありのままの自分を甘やかしましょう。やりたいことをやって、食べたいものを食べてみるのです。そして、どんな小さなことでもいいから、自分をとことんほめてあげます。

相手も自分もただ眺められるようになるために、失敗してもいいから、何度も何度もレッスンを重ねていきましょう。

しかし、レッスンばかりでは心はめげてしまうので、緩急をつけて、「私って天才！　人の話を否定せずに聞けた！」と自分を甘やかすこともセットにするといいでしょう。

相手の心を深読みしないということは、相手の感じる自由、考える自由を尊重するということです。それができるようになったとき、同時にあなたの心も自由を手に入れて、どこまでも広がる可能性を信じられるようになります。

相手ではなく自分をコントロールすることに集中する

自分の思い通りに動いてほしいと相手に期待したり、自分が言ったことをすべて理解してほしいと望んだりと、相手をコントロールしようとする心には、あるものが欠けています。それは「自尊感情」です。

自己肯定感が高まっているとき、人は、「私は私、人は人」と、相手と自分との間にゆるやかに線を引くことができます。相手に過度な期待を寄せないし、自分のことをわかってもらおうとも、相手を意のままに動かそうともしません。自分をうまくコントロールできています。

しかし、「自分には価値がない」と感じているときは、他者をコントロールすることで、自分が有能で、価値のある存在であることを証明しようとしてしまいます。

自尊感情が欠けている原因の一つには、子どもの頃に大人たちからの抑圧が大きかったということがあります。たとえば、親や学校の先生などの身近な大人からの抑圧が大きすぎると、自尊感情は育ちにくくなってしまうのです。自尊感情がうまく育たないと、失敗を過度に恐れ、いつまでも引きずってしまうようになります。

本来、人が成長するうえでは、ある一定の抑圧が必要です。抑圧は、それを乗り越えようとするエネルギーを生み、そのエネルギーが人を強くしなやかに成長させてくれます。しかし、その抑圧が強すぎたり、長期にわたって重くのしかかったりすると、自尊感情が欠けてしまいます。そして、その欠けてしまった自尊感情を取り戻すために、他者を意のままに動かし、コントロールしようとしてしまうのです。

その典型的な例が、パワハラやモラハラなどのハラスメントをする人や、ＤＶなどの暴力を振るう人たちです。彼らは自尊感情がとても低い人たちです。自分で自分を慈しむ力がなく、その満たされなさを暴力に変えます。

また、すぐに嘘《うそ》をついたり、自分の意見をまるで世間の常識であるかのように主張したり、ほんの小さな出来事を大事件のように話したり、相手の存在を激しく無視したり、反対に奇妙なほどほめたりと、極端な行動に走りがちです。

では、人をコントロールしている自覚がある場合はどうしたらいいでしょう。

まず、**「私は人をコントロールしているかもしれない」と気づいたことをほめてあげてください**。人をコントロールしようとする人は、その自覚がなかなか持てないので、気づけただけで素晴らしいのです。そんな自分をちゃんとほめたら、そのあとに「ストップ」と言ってあげてください。そして、一呼吸置いてから、「自分にとって本当に大切なことは何？」と問いかけてみてください。

人は、自分が本当にしたいことや、果たすべきミッションが明確になっていると き、周囲の目を気にしている時間とエネルギーがもったいなく感じます。自分がやるべきことに集中したいからです。

そこには失敗も、うまくいかないこともあるかもしれません。しかし、自分で選んだ道である限り、前向きに進んでいくことができます。

自分を律することができず、人をコントロールしようとしてしまうときは、人から

「ありがとう」と言われることを一日一つしてみてください。「ありがとう」と言われると、自分は人の役に立て、存在価値がある人間だと思えるようになり、少しずつ自尊感情が満たされていきます。いきなり人の役に立つことをするのが恥ずかしいという人は、「ありがとう」と何度もつぶやきながら散歩をしてみてください。**「ありがとう」という言葉は不思議なもので、ただ口にするだけで自尊感情を満たしてくれる力があります。**

何だか最近、人間関係がうまくいかないなというときや、人間関係がうまくいかなくなって自尊感情が欠けているなと気づいたら、すぐにでも実践してみてください。

「好かれる人」ではなく「一緒にいてラクな人」を目指す

特に働いている人にとっては、敵を作らないということは気をつけたほうがいいことの一つです。なぜなら、得意先やお客様、同僚に嫌われて、「もう会いたくない」「一緒に働きたくない」と思われてしまったら、周囲からの協力は得られなくなり、良い仕事ができなくなるからです。

それなのに、なぜ敵ができてしまうことがあるのでしょう。それには五つの理由があります。

一つ目は、「自分には価値がない」と思っているからです。自分には価値がないと思うと、自分の足りていないところばかりに目が行くようになります。すると、「足りないところを見る」というクセがついてしまい、他者を見るときもその人の足りていないところを見るようになってしまいます。また、物事のネガティブな面ばかりを見るようになると、否定的な思考で頭がいっぱいになってしまいます。何を話しても否定的なことしか言わない人とは、つきあいたくないですよね。

二つ目のパターンは、「自分は何をやってもできない」と思っているからです。自分は何もできないと思っている人には積極性がないので、目立たないように自己主張せず、黙っていることが多いです。しかし内心では、「自分も何かしたい」という思いが渦巻いています。そのよどんだ空気が自然とにじみ出てしまい、周囲からは「何を考えているのかわからない人」と距離を置かれてしまいます。

三つ目のパターンは、自慢ばかりするからです。自分は過去にこんな素晴らしい経験をしたとか、こんな良い待遇を受けたとか、過去の経験を自慢するのは、未来に向かって可能性を開いていく力がないからです。昔は華々しい経験をしたのかもしれませんが、大事なのは今、何を大切にして、何をするかです。それを忘れて過去の栄光ばかりにすがっている人にも、やはり仲間はできません。

四つ目の理由は、自分の意思で決定ができないからです。こういう人の多くは、決定を先送りにするうえに、それを「あの人が反対意見を言うから」などと人のせいにして不機嫌になります。自分が選んでいない以上、文句は言えないとわかっていても、思わずチッと舌打ちをしたり、周囲に冷たい態度をとったりと、自分をコントロールできずにプチ暴走をします。これでは人は離れていってしまいます。

五つ目の理由は、人が持っているものを横取りしてしまうからです。これは物に限りません。こんな人に出会ったことはありませんか？　あなたが好きなものについて話しているときに、「それ、私も好きなんだよね」と割り込んで、いつの間にか会話の主導権を奪ってしまう人。こういう人は、自分はシェアできるようないいものを持っていないという思考に陥っていて、その満たされなさを、人の物や手柄を奪うことで満たそうとします。また、そうやって目立つことで周囲からの承認欲求を集めようとするのですが、残念ながら集まるのは、「この人とは一緒にいたくない」という悪評だけです。

いかがでしょう。このような人たちとは一緒にいたくないですよね。では、どうしたら味方を増やすことができるのでしょう。

味方を増やすために必要なのは、人から好かれることではありません。「この人と一緒にいるとラクだ」と思ってもらうことです。一緒にいるとラクな人は、物事のポジティブな面を積極的に見ようとする人です。たとえば、何かトラブルが起きたときは、「このトラブルがあるから、きっと得られるものがある」と前向きに捉え、「トラブルを解決するために何ができるだろう？」と考えられる人です。

味方が多い人を観察していると、強くしなやかな柔軟性の中に、ユーモアというエッセンスを持っていることに気づきます。そのユーモアが「憎めなさ」を生み出し、ちょっとミスや失敗をしても、思わず許してしまいたくなる魅力となります。

物事の良い面にも悪い面にも光を当てて、どうすればより輝かせることができるか、考えてみましょう。ポイントはおもしろがることです。おもしろがる力は想像力を呼び覚まし、その豊かな想像力が周囲を魅了します。

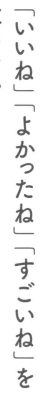

「いいね」「よかったね」「すごいね」を求めない

自慢話やのろけ話をするのは、自分を大きく見せないと、自分には存在価値があると実感できないからです。しかし、「すごいって思われたい」「うらやましいって言われたい」「いいなぁって憧れられたい」など、人から良く思われたいという承認欲求が大きくなっているときは、自己肯定感が下がっているときです。

頻繁に車を買い替えたり、高級な時計を次々に買ったり、ブランド品ばかりを身につけたりしている人の中には、それを手に入れないと自尊感情が保てないという人がいます。自分に自信があって自己肯定感が高ければ、高級品やブランド品ではなくても、自分で選んだものなら何にでも満足できるし、ＴＰＯに合わせて最適なものを選べるはずです。しかしその冷静さを見失うと、承認欲求と自己顕示欲が燃え上がってしまいます。

また、人の自慢話やのろけ話を聞いてうらやましさが刺激されてしまうときも、自己肯定感は下がっています。**相手が手に入れたものが、自分が本当に欲しいものとは限らないのに反応してしまうときは、「私は今、自分を信頼する気持ちが足りていないのかもしれない」とチェックする良い機会です。**

そんな自分に気づいたら、すぐに自分にご褒美をあげてください。ご褒美は、ずっと欲しかったけれどなぜか手に入れずにいた物がいいです。たとえば、歯ブラシを買い替えるとか、切れていた電球を買うとか、花を一輪買うとか、大好きなお菓子を買うとか、そんなことでいいのです。**自己肯定感は、小さなことで簡単に上がってしまうものなので、「うらやましいな」と思ったら、すぐにプチプレゼントを自分にあげてしまいましょう。**

そうやって自分で自分をご機嫌にする習慣が身につくと、人の自慢話やのろけ話に翻弄されなくなり、にこにこと話を聞いてあげることができるようになります。それはまるで、「自分はすごいんだ」と自信満々に動き回る孫悟空を手のひらに乗せて眺めるお釈迦《しゃか》様のような感覚です。

「いいね」「よかったね」「すごいね」ところころと手のひらで転がすように話を聞き、「この人は今、自尊感情が足りていないんだな」とただ眺めることができれば、他者の承認欲求と自己顕示欲に巻き込まれなくなります。

では、自己肯定感が高い人は、うれしいことやうまくいったことがあったり、目標を達成したりしたときに、どんなふうに表現するでしょうか。

自己肯定感が高い人は、相手に何も求めません。

「いいね」「よかったね」「すごいね」と言われることを一切求めないのです。なぜなら、自分に起きたいいことは、自分の力だけでなく周囲の支えがあったからこそ得られたものだと、謙遜と感謝をしているからです。会話のすみずみに、他者への感謝や、うまくいった運の流れへの感謝があるので、聞いている側には、「本当によかったね。またいいことがあるといいね」と応援する気持ちが生まれます。

このように、自分の身に起きた出来事を率直に相手に伝えられればいいですが、S

NSを使うと、その難しさが増します。なぜなら、SNSは自己顕示欲と承認欲求が掻《か》き立てられるしくみになっているからです。

SNSに投稿するときは、「これを持っている私ってすごいでしょう?」「こんな経験をした私ってすごいでしょう?」と言っているような投稿をするのではなく、**自分は何を考えて、どんな信念を持って生きているのかを示してください。**

何を考えて生きているのかを考えることは、自分らしさに輪郭を持たせるということです。みんながいいねと言ってくれそうなものではなく、「私はこれがいい」と思うものを示していく。話題のお店に行くのではなく、自分が「いいな」と思ったお店に行ってみる。それが自分らしさを形作っていきます。

そして最後に、これがいいというものについて人に語ったあとは、周囲からの「いいね」のリアクションを求めない。そういう人には、自《おの》ずと良い反応が集まってくるものです。

自分で選んで、流れたり、立ち止まったりする

同調圧力という言葉があります。複数人がいる場やあるコミュニティにおいて、多数派の意見に、少数派が暗黙のうちに合わせなければならないような、抑圧や誘導のことを意味します。

この同調圧力は時として生きづらさを生みます。しかし、同調圧力に抑え込まれるでもなく、反対に、周囲と敵対してまで自己主張するでもなく、自分がその場ですべきことをできる人がいます。

そういう人たちは、自分の立場と、そのときに本当に大切にすべきものが何かをわかっています。

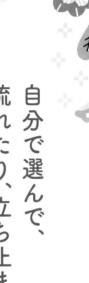

よく、自分の意見を主張することが重要視されることがありますが、それはある場面では必要で、ある場面では必要のないことです。たとえば、あるコミュニティで、そこまで重要ではないけれど、決めなければならないことがあるとき、今ここで何を最も大切にすべきかわかっている人は、たとえその決定が自分の意見とは違うものであったとしても、周囲の意見に合わせることができます。

一方で、親しい人たちと集まるときや、自由に意見を言える場面や自分の意見を言ったほうがいい場面などでは、自分のアイデアを堂々と主張できます。

なぜそれができるかと言うと、相手と自分との間に一定の距離を置き、勝手な思い込みを持たずに人の話を聞くことができるからです。「この人はこう考えるんだな」とまっさらな頭と心で相手の意見を受け止めていくことができます。そのうえで、自分は今、どんな立場をとり、何を大切にして、どういう言葉を口にするのが最適なのかを見極めることができます。

それができるようになるには、三つのポイントがあります。

一つ目は物事を長期的な視点から考えることです。目先の議論や、相手の口から出た一時的な言葉だけを拾って考えるのではなく、「今、なぜこれが起きているのか？」「どこに議論が着地するとよさそうか？」「相手の心の奥底にはどんな思いが秘められているのか？」など、全体を眺めながら物事を考えます。

二つ目は物事を多面的な視点から眺めることです。つまり、意固地にならないということです。「どの意見よりもこの意見が絶対にいい！」と決めつけてしまうと、他者の意見に耳を傾けることや、議論の内容を吟味することができなくなります。意見が複数あったときは、それらを多面的に眺めて受け止めていくことが大切です。

三つ目は物事の本質を見極めることです。「相手が本当に伝えたいことは何だろう？」「この人はどうしてこの感情を抱いているんだろう？」「今、自分ができる最高で最適なアクションは何だろう？」などと、物事の本質を探究できるようになると、「私があの人の立場だったら、私も同じように考えて、あの人と同じように行動するだろうな」と考えられるようになり、相手への理解が深まります。

これらのようなアクションができる人は、自己肯定感が高い人です。

場合によっては意図的にその場の空気に同調することもできるし、「ここは流されてはいけない。今は自分の意見を言うときだ」というときは、しっかりと意見を主張することができます。

すると、**同調圧力という言葉を乗り越えて、流されたり、立ち止まったり、流れに逆らったりしながら、自由自在に自分の立場を選んでいくことができます。**

また、反対意見を持つ人が同意を求めてきても、「あなたはそう思うんですね」と受け止めて、相手の意見を聞いてあげることができます。そればかりか、「そうですね」と話を聞くことで、相手に勇気と自信を与え、自己肯定感を高めるお手伝いをすることさえできます。

自己肯定感が高い人は、コミュニケーションをするだけで、自分だけでなく相手の自己肯定感も高めていくことができるのです。

年齢を気にせず、やりたいことをやる

「もう○歳だから」と、人生を年齢で区切ってしまうことは、自分に限界を作ることにつながります。限界を作ってしまうと、本来はどこまでも広がっている可能性を狭めることになり、夢や希望が持てなくなり、「できない」という思い込みが生まれてしまいます。そして、マイナスのスパイラルに陥ってしまいます。

本来は、何歳でも「やりたい！」と思ったときから新しいことに挑戦していいはずです。**年齢は数値的な尺度であって、可能性を制限するものではありません。**それなのに、「○歳だからこれをやってはいけない」と思い込んでしまうことがあります。

ファッション誌を開くと「30代ならこの服」「40代からはこのメイク」「50代からは

こうやって生きよう」などと、年齢で区切りをつけるような情報が載っていますが、それをそのまま自分に当てはめる必要はありません。年齢を基準にして自分の人生をデザインするのは不自由です。

社会が何となく決めた年齢の基準は、どんどん乗り越えていきましょう。そのためのエクササイズとして、**みんながいいと言うものではなく、自分がいいと思うものを選ぶ練習をしてみてください。**

最初は窮屈な感じがあるかもしれません。年齢を気にせず選びたいものを選んだはずなのに、しっくりしなかったり、人の目が気になったりして、「やっぱりダメだ」と落ち込んでしまうこともあるかもしれません。

でも、それでいいのです。自分にしっくりくるものを見つけるためには、トライアル&エラーは不可欠です。何度もチャレンジして、スモールステップで小さな成功体験を積み重ねていってください。そうすれば、自分がいいと思うものを選ぶことの楽しさになじんでいけます。

また、年齢から解き放たれると、今度は重ねてきた年齢を肯定的に受け止めることができるようになります。その年代ごとにできる限りのことをして生きてきた自分の過去を認められるようになるのです。その結果、自己肯定感がぐんと高まります。さらに、今の年齢にたどり着いたからこそ得られる感情や思考を味わうことができ、これからの未来も前向きに生きていくことができます。

そんな自信を手にすると、たとえ周囲から「もう歳《とし》なんだからそんなことやめなよ」と水を差されても動揺することがなくなります。「アドバイスありがとう」と相手の言うことをいったん全部聞き入れたうえで、「相手が言うことは、果たして本当にそうだろうか？」と自分に問いかけることができるようになります。

たとえば、テーマパークに行ってかわいい被《かぶ》りものを被りたいと思ったところ、一緒に来た人から「もう歳なんだからやめなよ」と言われたとします。そんなとき自己肯定感が高い人は、「うんうん」と相手の意見を否定せずにいったん受け入れたうえで、「私は本当に被りたいのかな？」と自分に問いかけます。そして、「今日は思い切り楽しみたいから被ろう！」という答えが出たら、堂々と被ります。そうやって、自分だけの楽しみをデザインしていけるのです。

年齢は、可能性に限界を設ける基準ではなく、ここまで懸命に生きてきた年数を確認するためのものです。それを最も味わうことができるのが誕生日です。誕生日を祝うために、自分に最大の賛美を送るセレモニーを、ぜひしてほしいと思います。小旅行に出る、神社にお参りに行く、お墓参りをするなどのセレモニーがおすすめです。私も、誕生日が近づいてきたら、「今年はどんなセレモニーをしようかな」とわくわくしています。

セレモニーでは、これまでの一年間を振り返り、できたこと、うれしかったことを思い出して、思い切りほめてあげてください。過去を振り返るとつい反省会をしてしまう人がいますが、反省会は日常的にやっているでしょうし、誕生日には必要ありません！　誕生日くらいはとことん自分をほめて、これまでの一年に区切りをつけましょう。すると、明日からの一年も、納得する人生を歩んでいけます。

「成長したい」という気持ちを大切にする

人からほめられたとき、どんなリアクションをしますか？

「いえいえそんなことはありません」と否定したり、「私なんてこれくらいしかできないですよ」と自虐したり、「こんなのできても大したことないですよ」と自己卑下をしたり、「お世辞に違いない」と疑ったりすることがあると思います。

では、自己肯定感が高い人はどんなリアクションをするでしょうか？

自己肯定感が高い人は、人からほめられたとき、一喜一憂せずに「ありがとうございます」といったん受け取ります。ほめてくれた内容を受け止めるというより、「相手が自分をほめた」という事実そのものを受け入れます。

「そんなことありません！」と返すことは、謙遜しているように見えて、相手の好意を否定してしまっています。相手はほめてくれたけれど自分ではいまいちだと思うときもあるでしょう。そういうときは、「相手がほめてくれた」という事実と、「自分ではそう思っていない」という事実を切り離して、自分で自分にあらためて評価を下せばいいのです。**本当の謙遜は、「あの人はほめてくれたけど、自分としてはもう少しがんばれたし、今後は改善していきたいな」と自分の内側でするものです。**

では、相手のほめ言葉に対して謙遜するのではなく、「自分なんか」と自己否定してしまう心の裏には、何があるのでしょう？　そこには、「成長したくない」という本音があります。

「よくできたね」とほめられて、「ありがとうございます。これからも良いパフォーマンスをしていきます」と答えてしまうと、その期待に応えるためにさらに成長していかなければならないような気がして、面倒くさくなるのです。

成長にはチャレンジと失敗がつきものですが、「そんな面倒なことはせずに現状維持でいたい」という思いが、人を自己否定に進めます。

しかし、人生には安定などありません。この学校に入れば将来安泰、この会社に入れば定年までお給料がもらえる、この人と結婚すれば苦労せずに済むなどという考えは、社会が作り上げた幻想で、現実ではありません。**現実は常に揺れ動き、その揺れに柔軟に対応して、そのたびに形を変え、成長していくことが、生きていくということです。**

それに、「成長したい」という欲求は、子どもから大人までが持っている素直な欲求です。その欲求を押し込めて、やりたいことをせずに生きていくのは、偽りの現実を生きていくことにほかなりません。

また、安定を求める心は依存心を生み出します。一時的な安心を与えてくれるものに依存していれば、チャレンジや失敗をしなくてもある程度満足して生きていくことができるからです。しかし、それを続けていると「自分」というものがどんどんなくなり、「何をしたいのか」「何を大切にしたいのか」が見えなくなってしまいます。

自己否定がクセになると、物事のマイナスな部分ばかりを見るようになったり、自分の意思で決定することができなくなったり、やりがいや生きがいが見出せなくなったり、自信が持てなくなったり、自由な発想ができなくなったりします。

そんな自分に気づいたら変わるチャンスです。今、自分がやりたいことをすぐにやりましょう。

未来に安定があるという確約はどこにもありません。あるのは、何にでもチャレンジできる可能性を秘めた自分という存在そのものです。目の前には取り組まなければならない義務や、守らなければならない約束事がたくさんあるかもしれません。しかし、それは人生のほんの一部です。

大切なのは、自分はどう生きたいのか、どんな人になりたいのか、どんな信念を持って生きていきたいのかということです。それを一つひとつ見つけていくために、私たちは成長していくのです。

そう考えると、自己否定するのはもったいない！

今の自分を徹底的に肯定し、成長を楽しんで、変わり続けていきましょう。

コンプレックスの「良い部分」を探してみる

自己肯定感が高まっていくと、短所は長所に変えられるし、コンプレックスは強みに変えられると気づけるようになります。ただ、そこに到達するまでにはレッスンが必要です。

コンプレックスだと思っている部分を、角度を変えていろいろな方向から眺めてみれば、別の面が見えてきます。その多角的な視点は、視野を広げることで得られます。

旅に出たり、同じ悩みを抱える人の本を読んでみたり、コンプレックスについて人に話してみたりすると、視野が広がります。視野が広がるということは、たった一つの考え方で物事を捉えるのではなく、あらゆる可能性を念頭に置きながら物事を考えられるようになるということです。

それができるようになるためには、自分のいる世界から離れて、まったく別の考え方を持つ人たちの中に飛び込むのが一番の近道です。

すると、自分ではコンプレックスだと思っていた部分が、他者の目には長所に映ったり、違う文化では魅力と捉えられたりしていることに気づきます。コンプレックスは自分の思い込みで作り上げているものだと気づけるようになるのです。

また、**視野が広がってくると、特に外見に関しては、根強い社会的な思い込みがあることに気づきます。**社会には、目は二重のほうがいい、太っているよりやせていたほうがいい、肌は白いほうがいいなど、「それっていったい誰が決めたの？」と疑問を抱きたくなるような思い込みがたくさんあります。テレビやインターネットで見かける情報や、著名人などを見て、「こういう外見がいいんだ」と決めつけてしまうのは、かなり危険です。みんながみんな、同じような外見になる必要などないからです。

そんな社会的な思い込みから抜け出すには、自分なりの決断を下す必要があります。

決断とは、**「私はこれで生きていく」**と、自分の立場を決めるということです。自分はこの体とこの顔と、この感受性を持って生まれてきた。それはかけがえのないものだから、「私はこれでいい！」と決断して生きていくのです。

それは、「これが私である」というオリジナルの立場をとるということです。その立場が決まると、社会的に「良い」とされていることから距離を置けるので、周囲を気にせず自信を持って生きていけます。

実はコンプレックスは、自分がコンプレックスだと決めたわけではなく、「そう思わされてきた」という部分が大きいのです。

たとえば私は幼少期、肌が白いということにコンプレックスを抱いていました。肌を見せたくないのでプールは見学ばかり。肌が気になって人前にも出たくありませんでした。そのコンプレックスは大人になっても続いていました。しかしあるとき、「なぜ自分は肌にコンプレックスを抱いているんだろう」という疑問が生まれ、幼少期に父に言われたある一言をふと思い出しました。

「男なのになんでこんなに色白なんだろう」

何気なく言われたこの言葉が、私のコンプレックスのもとになっていたのです。

このようにコンプレックスは、社会的な思い込みだけでなく、幼少期に身近にいた大人からふと投げかけられた言葉で作られたものが多いのです。それは自分の価値観ではなく、他者の価値観です。それに気づいたら、新しい立場をとる決意ができるようになります。

コンプレックスが気になって悩んでいるときは、「それは誰が決めたことなの？」と考えてみてください。そして、コンプレックスだと思っているところの「良い部分」を探してみてください。

すると、あなたはきっと、自分なりの新しい立場で、自分という存在を受け入れることができるようになります。

ネガティブな感情を否定せず、味方にする

自立して生きるということは、自分が経験したことから必要なものを学習し、どうすれば柔軟性のある心を育てていけるかを、日々模索し続けるということです。

そのためには、自分が今、何をすべきか、その瞬間ごとに最高の答えを導き出していく必要があるのですが、そのときに出てくるのが、怒り、悲しみ、嫉妬、後悔、憎しみなどのネガティブな感情です。

これらのネガティブな感情は、自立して生きていこうとする決意をまるで邪魔するように出てきますが、決して悪いものではありません。**ネガティブな感情から学べるものは多く、成長のためにはなくてはならないものです。**

また、ネガティブな感情を否定するということは、それを生み出した自分を否定することにつながり、自己肯定感を下げることになってしまいます。

とは言え、ネガティブな感情は扱いづらいものです。

ネガティブな感情が生まれたときに注意しなければならないのは、その感情一色で心を塗りつぶしてしまわないことです。なぜなら、その感情だけに染まってしまうと、他にも感情があるということを忘れてしまうからです。たとえば、憎しみ一色になってしまった人は、感謝という感情があることを忘れてしまいがちです。

また、感情というのは麻薬のようなもので、それにどっぷりつかることで快楽が生まれ、抜け出せなくなります。甘い蜜のように見えて、ひとたび足を踏み入れたら出られなくなる底なし沼のようなものなのです。

なので、「ネガティブな感情が生まれたな」と気づいたら、なるべく早く感情を解放してください。

感情を解放するためには、普段から感情を発散させる方法をたくさん見つけておくといいです。散歩する、お菓子を食べる、歌う、料理をする、ピアノを弾く、裁縫をする、おしゃべりをする、本を読む、スポーツをする……何でもいいのです。「あ、出てきたぞ！」と気づいたらすぐにできるものがおすすめです。

いつまでも一つの感情にとらわれていると悩みも増え、悩みが増えるとエネルギーが奪われるので、「成長したい！」という意欲もどんどん奪われてしまいます。しかし、すぐに対応できれば、感情の泥沼に足をすくわれることがありません。

ところで、感情の中で最も扱いにくいものは何だと思いますか？

それは、憎しみです。

なぜなら憎しみの裏には愛情が隠れているからです。たとえば、ＤＶは典型的な例です。加害者は、誰彼構わず暴力を振るうわけではありません。関心がある人、実は愛情を感じている人に暴力を向けます。

そんなふうに憎しみの感情が心の真ん中にある人は、どうしたらいいでしょう。難しく感じるかもしれませんが、愛情で自分を包み込んでしまうしかありません。つまり、感謝で包み込んであげるのです。「ありがとう」という言葉を何度も何度も自分に投げかけてあげます。

憎しみが真ん中にあるということは、それだけ自分も傷ついてきたということです。まずはその傷ついている自分を癒やしてあげることが最優先です。

多くの場合、傷つきの原因は、成育過程で身近な大人から投げかけられた身体的、精神的苦痛です。しかし残念ながら、どんなに相手を責めても、自分を癒やせるのは自分です。自分で自分を癒やして、成長していきませんか？

その先には、一回りも二回りも大きく成長した、柔軟性がある自分の姿が必ずあります。**うまくいかなくてもいいのです。感情にのみ込まれてしまうときがあってもいい。あなたはきっと、最後にはそこから抜け出すことができます。**

過去の栄光や成功を、すべて自信に変える

自己肯定感が高いとき、人は、前向きに未来に向かっています。そのときに軸足を置いているのは現在です。現在という足場がしっかりしているから、どこまでも未来に向かっていけます。

では、どうしたら今に集中できるのかと言うと、過去に成し遂げてきた一つひとつの出来事を前向きに振り返ることでできます。過去の経験を誇りに思えるようになると、「あれだけやれたんだから、次もできるはずだ」と前向きに未来を見つめることができるようになるのです。

一方で、過去を自信に変えているようで、過去にしがみついている人がいます。そ

ういう人は、現在ではなく過去に軸足を置いたままになっていて、そこで立ち止まっている状態にあります。

未来に向かって進むのと、過去に執着して立ち止まるのと、その差を生むものは何でしょう。それは、周りへの感謝の気持ちがあるかどうかです。

自分だけの力で何かを成し遂げたつもりになっている人には、周囲の人や、自分を成功に導いてくれた運命に感謝する気持ちが欠けています。人より立場が上か下か、強いか弱いか、有能か無能かにこだわっていて、自分のことしか見ておらず、視野が狭くなっています。

自分一人でできることには限界があり、何かを成し遂げようと思ったら必ず周囲の助けが必要です。その助けがあってこそできることは広がっていくのに、感謝を忘れるということは、可能性を狭め、未来へ続く道を閉ざしてしまっているということです。

過去を振り返るときは、協力してくれた人たちの顔や、そこに導いてくれた運命の流れを思い出し、感謝をしてみてください。すると、謙虚な気持ちが生まれます。謙虚な気持ちは、**「これまでも自分はこれだけのことをできたのだから、次も自分の力を生かしきって、みんなに貢献しよう」**という思いを生み出します。

過去の連続が現在に続き、現在の連続が未来に続きます。過去にやってきたことを振り返り、感謝の気持ちを感じれば感じるほど、現在、自分が生きていることを謙虚な気持ちで受け止めることができます。その謙虚な気持ちが自己肯定感を高め、未来に向かって進む原動力となるのです。

とは言え、**たまには立ち止まりたくなるときがあります。そういうときは、いったんすべてを手放して休憩してください。**立ち止まっていても、未来に向かって時間は流れています。ならば、ただ時が過ぎていくことを後悔しながら立ち止まるのではなく、「未来に向かうために、今は思い切り休んでしまおう」と、前向きな気持ちで休んでほしいのです。

また、未来に後悔をなるべく残さないために、今という時をどうやって生かすかも、考えておいてほしいと思います。

そのためのポイントは三つあります。

一つ目は、目先の利益にとらわれないことです。未来から現在の自分を眺めたときに、現在はそれでいいかもしれないけれど、未来の自分に悪影響を及ぼしそうなものなら、きっぱりとやめます。

二つ目は、自分をカテゴライズしないことです。たとえば、「私は繊細な気質を持っているから、これからも苦労しそうだ」などと、過去の経験を現在に当てはめないことです。カテゴライズするということは、可能性を狭めることになり、未来の自分を窮屈にします。

三つ目は、何のために生きているのか忘れないことです。やりたくもないことを「やらねばならない」と続けていると、自分の人生を棒に振ることになるので、自己肯定感がすり減っていきます。

過去は現在の自分を応援してくれる一番の味方です。

過去の自分に励まされながら、未来を生きていきましょう。

がんばるときは方法をいくつも考えながらやってみる

今、「絶対にこれをしたい」というものをわかっている人は、がんばりすぎて不必要にエネルギーを消耗したり、へとへとに疲れているのに自分に鞭《むち》を打ったりしません。

がんばらなくていいのに無理をしてがんばったり、反対に勝負どころで力を抜いてしまったりする人に欠けているのは、直観力です。

「ここだけは絶対に外してはいけない」という嗅覚が鈍っていると、何をしても良い結果は得られず、「がんばっているのに報われない」という虚無感が大きくなって、自己肯定感が下がってしまいます。

直観力が鈍っているときは、自分の考え方に執着しているときです。「どうしてもこの方法でやらなければならない」「絶対にこれをやらなければならない」など、「○○すべき」という思考にとらわれていると、本当は別の選択肢を選んだほうがうまくいくのに、あえてゴールから遠ざかるような方法を選んでしまいます。

がんばっているのに虚無感や報われない気持ちが出てくるときは、目指しているゴールはいったい「誰」が決めたものなのかを思い出してください。

それは自分で決めたゴールですか？

それとも人から与えられたゴールですか？

もし自分で決めたゴールならば、「本音」で決めたゴールなのか、「建て前」で決めたゴールなのかもちゃんと把握しておく必要があります。

ゴールの数々が、すべて自分の本音から生まれたものならいいのですが、複雑な人間関係を生きていく中では、人が決めたゴールに向かって進まなければならないこともあります。また、人が決めたゴールだけれど、自分もやってみたいと思っているものや、自分が決めたゴールだけれど、人の力も借りないと達成できないゴールもあって、本音と建て前がマーブル状に混ざり合っていることがほとんどです。

その色合いを最初にきちんと把握すると、「では、今自分ができる最善の一手は何だろう」と考えることができ、どこに向かって進んでいけばいいかが見えてきます。

自立していて、自己肯定感が高い人は、その分別がついています。分別があると、がんばり方にも次のようにバリエーションがあることが見えてきます。

「ここは自分のフィールドだから思う存分楽しもう」

「やりたいけど一人でやるのは難しそうだから、誰かに手伝ってもらおう」

「自分が引き受けたことだけど、もうこれ以上がんばるのは難しいから、『できない』と素直に謝って、別の方法を一緒に考えてもらおう」

「このやり方でずっと続けてきたけれどうまくいかないから、別の方法でやってみよう」

「ここは素直に従ってがんばろう」

「今は我慢して進むほうが、のちのちうまくいきそうだ」

楽しくがんばるためには、方法を一つにしぼってがんばるのでいかがでしょう？

はなく、あれもこれもといくつも思い浮かべ、らせん状にぐるぐると上昇しながら考えるイメージで取り組むと、最適な一手を選べるようになります。

あれもこれも選べる余裕があるというのは、柔軟性があることの証《あかし》です。そうやってゴールに向かっていった結果、たとえ失敗に終わっても、それは多くの学びの機会を与えてくれた貴重な経験に変わります。

うまくいったことからも、うまくいかなかったことからも、たくさんのものを学び取っていきましょう。

過去の経験を前向きに振り返ることが、未来でがんばる自分を後押ししてくれます。

思い込みに気づいたら、一つひとつ手放していく

思い込みは、三つの「ち」から生まれます。

一つ目は「血」です。親や一緒に暮らしている家族、子どもの頃に身近にいた大人から日々言われてきたことや教えられてきたことをベースに物事を考えることで、思い込みは生まれます。たとえば、親からずっと「あなたは何をやるのも遅い」と言われてきた人が、「私は何をやっても遅い」と思い込むような感じです。

二つ目は「地」です。生まれ育った土地や地域、国において多数派を占めている価値観が、いつの間にか自分の価値観のように思えて固定化されていきます。日本で生まれ育った人が別の国に行くと、同じ出来事が起きても捉え方が違うことに驚きます

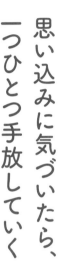

よね。

三つ目は「知」です。生まれた時代で主流となっている考え方や、その時代に起きた社会的な大事件を目の当たりにすることで、思い込みが作られていきます。たとえば、大震災や感染症のパンデミックを経験すると、それまでの価値観が一変して、新しく生まれた価値観が根付いていくことは、みなさんも身に覚えがあると思います。

このように、**思い込みは自分で作り上げたものというよりは、血と地と知によっていつの間にか刷り込まれてきたものである場合がほとんどです。**

自分で生み出したわけではない思い込みに従って生きていくと、少しずつ思考と感情がゆがんでいきます。どこかに「これは私の本心ではない」という思いがかすんで、嘘の自分を生きているような違和感が生まれます。

その違和感は、「血と地と知による思い込みによって生まれている」と気づくだけで、かなり消えていきます。

そのうえで、思い込みを手放すために思考の整理整頓をするといいでしょう。

思考の整理整頓をするときは、道具箱をイメージしてみてください。ペン類はここ、ハサミやカッターなどの刃物はここ、定規はここ、のりや接着剤はここと、種類ごとに分けて道具を収納していくように頭の中も整理していくのです。この記憶はイライラだからここ、この体験はうれしかったからここ、この出来事はいまだに処理できていないから未処理に、これは残しておきたいから思い出のカテゴリーに……など、その思考が生まれるたびに分類していきます。

ポイントは、分類を後回しにせず、思考が生まれたらなるべくすぐに分類することです。そうしないと、あとから思い込みによって形がゆがめられ、姿が変わってしまうことがあるからです。

感情も思考も、出てきたものはゆがめないことが大切です。純粋な、そのままの形で整理整頓してください。

中には受け入れがたいものもあると思います。たとえば、「私はあの人が大嫌いだ」「私はあの人を殺したいほど憎んでいる」という思いが浮かぶこともあるでしょう。そこで、「そんな悪いこと思ってはいけない」「人を悪く言うような考えはダメ」と封じ込めないでください。実際に人に危害を与えることは絶対にいけませんが、悪い考えを思い浮かべることの何が悪いのでしょう。頭や心の中くらい、いくらでも自由にさせてあげてください。

最終的にその思いをしかるべき場所に収納してあげれば、思考はすぐに切り替わるし、思い込みははがれ落ちていきます。

思い込みでがんじがらめの人生は窮屈です。粋な大人が少ないのは、自分の感情と思考をゆがませてしまってきた人が多いからではないでしょうか。

粋な大人は、自分に嘘をつきません。頭や心に浮かんできたことに、良い悪いの区別をつけず、さっさと片づけてしまいます。その切り替えのリズムの良さが、粋な魅力を作り、自己肯定感を高めていきます。

受け入れることができれば、手放すことはできます！

思い込みは、次から次へと手放していきましょう。

言葉や情報から離れて、自然の中で「学ぶ力」を育てる

成長のきっかけを人から与えられることはあっても、最終的に次のステージに進むのは、自分にしかできないことです。

それをわかっている人は、「これはこうあるべきだ」「あなたはこうするほうがいいんじゃないか」という意見を人から言われたとき、動揺することがありません。「ありがとうございます」と相手の意見をいったん受け取ってから、その意見が自分にとって本当に必要なものか、あらためて考えます。

相手の意見のうち、一部は自分の成長に必要かもしれない、でも一部は必要ないかもしれない、すべて今の自分に必要なエッセンスかもしれないし、自分にはまったく

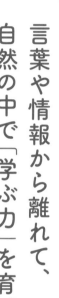

適さない意見かもしれない……などなど、いろいろな角度から分析して、何を取り入れて、何を保留にして、何を手放していくのかを判断していきます。

決断力は、自分の人生をデザインするために育てていきたい力の一つです。農家の人が野菜を育てるとき、どのタイミングでどんな栄養を与え、毎日どれくらいの水が必要で、いつ休ませたらいいのかを的確に判断していくように、成長するためには、瞬間ごとに決断をしていかなければなりません。

そのとき、人の意見は外から与えられる栄養のようなもの。栄養になるものもあれば、毒になるものもあります。その中から、今、最も取り入れたい栄養を選び取っていく必要があります。

しかし、不安が大きく膨らみやすい不安定な社会では、毒が栄養に見えてしまうことがよくあります。強い意見や刺激的な意見、甘い香りのする意見が、栄養に見えてしまうことがあるのです。

危険だけれど魅力的に思えてしまう意見には三つの特徴があります。

一つ目は、あきらめを推奨するという特徴です。成長したくてもなかなかうまくいかない人に、「そのままでいいよ」「変わらなくていいよ」「成長したって何も変わらないよ」と、停止と後退をすすめる意見です。

二つ目は、みんなと一緒であることを推奨するという特徴です。「一人だけそっちに進んでどうするの？」「みんなこれを選んでいるんだからこれにしなよ」と、同調を求める意見です。

三つ目は、自分の意見以外は劣っていると主張する特徴です。「このやり方なら絶対に成功できます」「私が推奨する方法以外は、すべて効果がありません」と、他を否定することで自分の価値を上げようとする意見です。

これらの意見には依存性があります。取り入れていけばあたかも輝かしい人生を歩んでいるような錯覚を見せるからです。しかし、それは本当なのでしょうか。誰かの意見や考え方が、自分にも100パーセント当てはまることなどあると思いますか？

この本に書いてあることも含めて、今の自分に必要なものは何かを、ぜひ自分で考えてみてください。そして、何を大切にしたらいいのかわからなくなったときは、インターネットや情報から離れて、外に出てみてください。

この地球上に存在するのは人間だけではありません。私たちは生き物や植物、空、海、川、山、風、空気など、人間以外のものに囲まれて生きています。ならば、どうして人の意見だけが絶対と言えるのでしょう。人間以外のものから学べることもたくさんあるはずです。

自然に触れていると、自ずと小さな疑問が生まれます。どうしてトマトは赤いのか、なぜ川は流れるのか、アリはどこまで歩いていけるのか、カエルはどれくらい跳べるのか、台風はどこで生まれるのか……。**執着や思い込み、雑念まみれの自分を自然の中に放り投げたとき、自然は必ず気づきと学ぶ力を与えてくれます。**そして、**「あなたの人生において本当に大切なことは何？」**という問いを授けてくれます。

人間の言葉だけに触れていると、考える力、気づく力、学び取る力、決断する力が衰えていきます。人の意見に依存している自分に気づいたら、自然の中を散歩してみてください。SNSで誰もが意見を発信できる時代に忘れてはならないのは、「人間の言うことがすべてではない」と気づくことです。

失敗してもいいから、直観を信じてどんどん進む

日常で感じる小さな違和感というものがあります。

散歩をしているときに、「何かこの道、歩きたくないな」と感じたり、お店に入ったときに、「置いてある商品は魅力的だけど、長居はしたくないな」と感じたり、いつも通り仕事を始めたはずなのに「いつもの流れと違うな」と感じたり。

自分の繊細なセンサーが小さな違和感に反応したときは、注意深く周囲を観察してみてください。そして、「**このまま進んだらまずいかも！」という直観が働いたら、すぐに手を引くことをおすすめします。**

これまで、自分の頭で考えて、自分の人生をデザインしていくことをお伝えしてき

ましたが、じっくり考える技術を高めると同時に、直観で選ぶことも練習してみてほしいと思います。

直観を磨くと、いつも良いタイミングで物事を始められるようになります。物事は始まりが大事と言われますが、最初の一歩を踏み出すタイミングが良ければ、そのあとはスムーズに流れに乗っていくことができます。

そもそも私たちは、自分の力だけで生きているようで、周囲の人や、目に見えない大きな力に支えられて生きています。ならば、直観を磨き、ベストタイミングをつかみ、自分も周りも成長できるような形で物事を進めていきたいですよね。

いつも良いタイミングを選べるようになるためには、「今、何をしたらいいかを直観的に選んでみる」ということをおすすめします。今は動かずに休んだほうがいい気がするなら、休んでみる。体は疲れているけれど、もうひと踏ん張りすると今後さらに良い展開が広がりそうな気がするなら、がんばってみる。だらっとしたほうがいい気がするなら、何もかも忘れてのんびりしてみる。そんなふうに、この時間を何に使ったらいいのかを直観で選んで、実際に思い切って行動してみるのです。

すると、「今は動かずに休んでおくべきだった」「今はがんばらなくてもよかった」「今は迷わず動いたほうがよかった」などと最初は失敗します。ポイントは、失敗しても気にしないこと。直観力が磨かれていないときは失敗するのも当然です。大切なのは、直感がうまく働いても、うまく働かなくても、その経験をすべて、これから直観を磨くための材料にしてしまうことです。「この前はここでこれを選んでダメだったので、違うほうを選んでみよう」と少しずつ軌道修正をしていくことで、直観がピタッとベストタイミングに合うのを待ってみます。

直観で動くときは、失敗を恐れず飛び込んでみてください。ベストタイミングのつかみ方は、失敗することによって洗練されていきます。それに、早めに失敗したほうが軌道修正はうまくいきます。

そして、迷ったら「やってみる」を選んでみてください。やるかやらないか迷っているうちに、ベストタイミングは目の前を通り過ぎてしまいます。何度も何度も良いタイミングが訪れているのに、失敗するのが嫌だからと機会を逃していたら、チャンスをチャンスと思えなくなるほど感覚が鈍っていってしまいます。

「悩むこと」は、飛び込んだ先でやればいいのです。**やってもやらなくても「自分にできるだろうか」という不安は出てくるものなので、悩むのであれば選んだ先で悩んでしまいましょう。**

選んだ先で悩むときは、直観とじっくり考えることをバランスよく使って進んでいきましょう。直観に従って選んだけれど雲行きが怪しくなってきたら、周囲に助けを求めたり、軌道修正をしたり、これ以上自分にはできないと判断したら思い切ってあきらめたりと、可能性を大きく広げて見極めていけばいいのです。

ベストタイミングをつかむうえで何よりも大切なのは、自分を信じてあげること！　自分はいつもベストなタイミングで決断ができると自分に言い聞かせてあげると、うまくいってもいかなくても、その後の展開は大きく変わっていくはずです。

「私はいつもタイミングがいい」と信じて、「迷ったらやる」を合言葉に、進んでいきましょう。

さらに効果的に自己肯定感を上げるために

私たちは何気なく「自己肯定感」という言葉を使っていますが、自己肯定感をさらに分類すると、以下の六つに分かれます。

①自尊感情………「私は価値ある存在だ」という感覚
②自己受容感……「私はありのままの自分を受け入れている」という感覚
③自己効力感……「どんなことでも私ならきっとできる」という感覚
④自己信頼感……「何が起きてもきっと私は大丈夫」という感覚
⑤自己決定感……「私には決断する勇気がある」という感覚
⑥自己有用感……「私は人の役に立つことができる」という感覚

実は、第2章でご紹介したレッスンは、それぞれこの六つの感覚のいずれかを育てることができるレッスンなのです。もし、どれかの感覚が弱いなと感じることがあれば、弱まっている感覚を高めるレッスンを集中的に取り組んでみてください。

✤自尊感情が欠けているときは………p.38、42、58（p.46、82）
✤自己受容感が欠けているときは……p.30、50、62（p. 66、74）
✤自己効力感が欠けているときは……p.34、74（p.50、62、78）
✤自己信頼感が欠けているときは……p.54、70（p.34、58、86）
✤自己決定感が欠けているときは……p.46、78、86（p.30、54）
✤自己有用感が欠けているときは……p.66、82（p.38、42、70）

※より効果があるのはカッコの外のページのレッスンですが、
カッコの中のページでもそれぞれの感覚は高められます

第3章

今と未来に幸せを呼ぶ15のルール

幸せは自分で作り出せるんだね
その種を自分の周りにたくさん蒔《ま》いていこう

RULE

1

「いいこと」を遠慮なく受け取る

ラッキーな出来事やいいことが舞い込んできたときに、あなたはどうやって受け取っていますか？

「うれしい」「ずっとこれが欲しかったんです」「ありがとうございます」と素直に喜んで受け取っていますか？

それとも、「こんないいことが起こるなんて、このあと何か嫌なことが起こるんじゃないか」「これを受け取ったら、何かお返しをしなきゃいけないんじゃないか」と躊躇《ちゅうちょ》してしまいますか？

しなやかな心を持ち、自己肯定感が高い人は、いいことが起きたときに、素直に喜

んで遠慮なく受け取ります。なぜそれができるのかと言うと、「自分にはこれを受け取る価値がある」という自尊感情が大きく育っているからです。

自尊感情がしっかり育っていると、いいことが起きたとき、それを素直に受け取れる自分を誇りに思う気持ちと、いいことを与えてくれた他者への感謝の気持ちを同時に持つことができます。「自分が行動したから、いいことを引き寄せられたんだ」と自信を持つ一方で、「これを与えてくれた相手に心から感謝しよう」という相手への尊敬の気持ちを抱けるのです。そういう人には、次から次へといいことが舞い込んできます。

では、どうしたらいいことを素直に受け取れる自尊感情が育つのでしょう。

そのためにはまず、自分の中に自己顕示欲がないかチェックしてみてください。

自己顕示欲が大きな人は、いいことが起きたときに、「これは全部自分の手柄だ！」「自分一人で成し遂げたんだ」と傲慢になります。しかし、いいことは自分だけの力で生み出せるものではありません。もちろん、行動しなければ何も生まれないのですが、他者による働きかけや運、タイミングが合ったときに、いいことは生まれます。それなのに、「自分の力だけでいいことを引き寄せたんだ」と主張することは、自分を取り巻く環境が見えていないということで、自分の運命を否定していることにつながります。すると、どんどん視野が狭くなり、すぐそばで小さないいことが起きても気づけなくなってしまいます。そんな自己顕示欲はさっさと捨ててしまいましょう。

自己顕示欲を捨てたら、次は、「自分は運がいい」と言い聞かせてください。**運とは不思議なもので「自分は運がいい」と信じている人のもとに自然と集まります。**たとえいいことがなくても、まずは思うこと。すると、ある変化が生まれます。これまで当たり前だと思っていたことに、感動できるようになっていくのです。

当たり前のことというのは、たとえば、自分が今、息をして生きていることや、毎日顔を合わせる家族や仲間の存在、今日もこうして無事に過ごせていることなどの、小さな偶然と奇跡です。そういったことに気づけるようになると、自然と「自分は運がいい」と信じられるようになっていきます。

毎日の中で、小さな感動や喜びをたくさん見つけていってください。すると自尊感情は勝手に高まっていき、いいことに次々に感謝できるようになっていきます。

さらに、物事の肯定的な側面にパッと目を向けられる動体視力も鍛えられていきます。いいことを素直に受け取れる人は、前向きで明るい側面に目を向ける習慣が身についています。それは、ネガティブな側面やリスクをまったく見ないということではありません。リスクをしっかり把握して、「では、どうしていったらいいだろう」と、乗り越える方法も考えられるということです。そのうえで、やはり前を向いて進んでいけるのです。

いいことが起きたら、とにかく「わーい」と喜んで、素直に受け取ってしまいましょう。せっかく「あげる」と言われているのだから、「ありがとう」とシンプルに受け取ればいいだけのことです。

いいことが起こるたびに感謝して、素直に受け取れる自分を誇りに思う。それだけで簡単に、しなやかで自己肯定感が高い、運のいい人になれてしまいます。

RULE 2

人づきあいを「良い」と「悪い」で決めない

柔軟な心を持った自己肯定感が高い人は、初対面の人と会うとき、その人の肩書きや社会的な地位、ファッションやスタイル、顔立ちなどの外見、持ち物などで判断しません。

相手に関するそういったわかりやすい情報はすぐに目に入ってくるものですが、それらをいったん横に置いたうえで相手と向き合います。

つまり、相手を色眼鏡で見ないのです。

好きとか嫌いとか、良いとか悪いとか考えずに、ただ相手の目の前に立ち、誰に対しても平等に、「はじめまして」とあいさつをします。

初めての場面で、分け隔てなく出会いに感謝できるのは、自分と相手との間にしっかり距離を保てている証《あかし》です。「人は人、私は私」というスタンスができていれば、もしその出会いが好ましくなかったとしても、振り回されることがありませんし、自立した者同士の出会いであれば、お互いを高め合っていこうとする前向きなエネルギーが生まれます。

まっさらな心で相手を見つめ、あいさつを交わしたら、相手がどんな信念を持った人なのか、何を好む人なのかを観察していきましょう。そして、自分はこの人と今後もつきあっていきたいか、興味を持てそうか、喜びや感動を共有できそうか、自分の内面を観察していきます。

そのうえで、「この人とは今後、あまりつきあいたくないな」という気持ちが湧くこともあります。それも当然のことです。なぜなら、人間関係には「262」の法則があるからです。

262の法則とは、出会いの2割は良い出会いで、6割は普通で、2割は好ましくないというものです。良い出会いばかりではなく、好ましくない出会いがあるのは自然なことなのです。むしろ、好ましくない出会いがあるから、良い出会いに感謝できるし、本当に大切にしたい人を大切にしようとする心が生まれるのです。

私は、「最近良い出会いしかないな」と気づいたときには、あえてどんどん新しい出会いの機会を増やしていくようにしています。そして、好ましくない出会いがあったときには「よし、この機会に、どうしたらさらに良い人づきあいができるかを学んでしまおう」と、自分の器を大きく広げる機会にしてしまいます。

出会いには良いものも好ましくないものもあって当然なのですから、恐れることなく新しい出会いに飛び込んでみてください。

そして、これからもつきあっていきたい素晴らしい出会いを見つけたら、さらに良い関係を築いていくために、次の三つのことをやってみてください。

一つ目は、気持ちを言葉にするということ。相手に対して好意を抱いても、それを言葉にしなければ伝わりません。口頭で直接伝えてもいいし、手紙やメールでもいいので、率直な思いを言葉にしてください。

二つ目は、相手の笑顔を想像して行動すること。こんなことをしたら相手は喜んでくれるんじゃないかと想像するとき、心はわくわくしています。そのわくわくの伝染が、関係をさらにいいものにしてくれるのです。

三つ目は、中途半端に別れないことです。その出会いを本当に大切にしたいのなら、別れ際は重要です。なぜなら、別れ際は「私と出会ってくれてありがとう」「この時間を共有できてうれしい」という感謝を伝える絶好のタイミングだからです。気軽に「またね」と別れるときであっても、相手と一緒にいた時間が充足感に満ちたものならば、しっかりと感謝を伝えます。その感謝は、「私はこれからも人と良い関係を築くことができる」という自信につながり、自己肯定感を自然と高めてくれます。

一回一回の出会いを新鮮に、相手に興味を持って接してみる。そして、別れるときには気持ちよく別れる。そうやって、一つひとつの出会いを大切にできる心が育っていけば、どんな出会いにも動じず、しなやかに相手とつきあっていけるようになります。

RULE

3

わくわく、ドキドキする感覚を大事にしている

最近、わくわく、ドキドキしていないなと思うときは、もしかすると自己肯定感が下がっているのかもしれません。自己肯定感が高まっているとき、人は、自分の感性を大きく羽ばたかせて、新鮮な気持ちで世界を楽しむことができます。

しかし、自己肯定感がしぼんでいるときは、普段なら楽しめることも楽しめなくなり、わくわく、ドキドキする感覚もどこかに置き忘れてしまったかのように、すべてが灰色に見えてしまいます。

そんな自分に気づいたら、5分でも10分でもいいので、自分がやりたいことをやる時間をすぐさま用意しましょう。

そのとき、「本当に、やりたいことをやっていいんだろうか……」という不安が生まれるかもしれませんが、悩みは無用です。ほんの少しの時間でも、やりたいことをやれば、心はすぐに充足感を覚え、そこで生まれた明るいエネルギーが、やらなければならないことをやるときの原動力に変わるからです。

「やらなければならないのに気が進まない」

「本当はやりたいんだけど、やってもいいんだろうか」

などと悩む時間は、心身にじわじわとダメージを与え、あまりにもダメージがたまりすぎると、動きたくても動けなくなってしまいます。

ならば、悩まずにすぐにやる！　そして、どうせ悩むなら、やった先で悩めばいい**のです。「やりたい」という自分の直観を信じて、どんどん行動に移していきましょう。**

そうやって、すぐに決断して、さくっと行動していくと、悩む時間が自然と減っていきます。そして、悩む時間が減れば、わくわく、ドキドキする時間が増えていき、当然、自己肯定感も高まっていきます。

とは言え、あまりにも自己肯定感が下がっているときは、やりたいことが何かわからなくなります。そういうときにおすすめなのが、「**普段とは違うことをしてみる**」です。

いつも聞かないジャンルの音楽を聞いてみたり、あえてあまり好きではない映画やドラマを観《み》てみたり、入ったことがないお店を訪れたり、違う世代の流行に触れてみたりするのです。いつもとは違う、見慣れない世界に飛び込んでみると、普段使わない感覚が開いていきます。違う空気、違う香り、違う風景、違う触感が、マンネリモードを一瞬で崩してくれるからです。

また、人のために動きすぎていたり、人の予定に合わせすぎていたり、人と交流する時間が多すぎたりすると、エネルギーが外に向きすぎて自分のやりたいことがなおざりになり、わくわく、ドキドキする感覚はしぼんでいってしまいます。

そんなときは、自分を思い切り解放する時間を作ってみてください。

自分を解放する時間とは、日々の仕事や家事、やらなければならないことから、自分を物理的、精神的に切り離して、まっさらなところにポンと置いてあげる時間で

す。好きなところに行ったり、見たいものを見たり、食べたいものを食べたり、買いたいものを買ったりして、自分のためだけに時間と愛情を注いであげます。すると、わくわく、ドキドキする感覚が戻ってきてくれます。

自分で自分を大切にする時間は、自分の内側を見つめる時間です。何が好きで、何をしたいのか、心の声に耳を傾けてください。そうやって思う存分自分に思いを馳《は》せていけば、直観力や感性が磨かれていき、わくわく、ドキドキに満ちた毎日が広がっていきます。

わくわく、ドキドキする気持ちは、自分の可能性を広げていく土台となる、大切な感覚です。その感覚が曇らぬよう、少しでも、小さなことでもいいので、やりたいこと、好きなことをする時間を毎日の中に用意してあげましょう。

RULE 4

本当の自分に戻れる「ホーム」を持っている

私はよく、「一喜一憂しなさんな」という言葉を、みなさんにお伝えしています。

嫌な出来事が起きてもしなやかにかわし、喜ばしい出来事が起きてもおごらず、いつも物腰やわらかく、物事を俯瞰《ふかん》で見る視点を持ちましょうとお伝えしています。

とは言え、人間関係でついイライラしてしまったり、思い通りにならずにむしゃくしゃしたり、自己顕示欲が出てきたり、人を否定することで自分を大きく見せようとしたりすることは、ついやってしまうものです。

人は完璧な存在ではありませんし、一喜一憂しないように心がけていても、火山から噴火するマグマのように感情が噴出してしまうのは仕方がないことです。

つい感情的になって、一喜一憂してしまっているときは、自分のホームに戻るようにしましょう。しなやかで自己肯定感が高い人は、ちゃんとホームがあります。

ホームとはよみがえる場所です。

自動的に全身がリラックスして、ただそこにいるだけで幸せだと思える場所です。そこには過去の嫌な記憶もないし、未来への不安もありません。仕事の問題もなければ、明日の予定をあれこれ考える必要もない。**すべての不安を忘れて、ただひたすらに真っ白になれます。**

私にとってのホームは、愛犬のメアリーと一緒にいる時間です。メアリーと公園の芝生を走っていると、明るいエネルギーがぐんぐんと湧いてきて、心の曇りがすーっと晴れていきます。

それはまるで、子どもの頃に戻ったかのような感覚です。

大人と違って子どもは制約を設けません。やりたいと思ったことはやるし、あそびたいと思ったら心よりも体が先に動いて、夢中になっていきいきと走り回っています。そんなふうに、自分の内側から湧き上がる欲求に素直に従って動ける場所が、ホームなのです。

そんな話をすると、「私にはホームがないんですけど、どうしたらいいでしょうか？」という質問を受けることがあります。そういう人はぜひ、気になることに一つずつトライしてみてください。ホームがないという人の中には、ホームを探したことがない人が案外多いものです。

ホームは、ある日突然空から降ってくるものではなく、さまざまなことに手を伸ばしていった結果、「これだ！」と見つかるものです。

「それまで全然手芸などやったことがなかったのに、やってみたら意外とはまった」

「運動が苦手だと思っていたけれど、ヨガの体験教室に行ってみたらすごく気持ちよかった」

「ずっと飼ってみたかった動物を飼ってみたら、驚くほどの愛情が湧いてきた」

など、人生では何が幸いするかわかりません。

ホームは安心安全で、心底リラックスできる場所です。それは、誰かに与えられるものではなく、自分で見つけるしかありません。自分の居場所は自分だけのものだからです。

そして、ついにホームを見つけたら、人の目など気にせず無邪気に自分を解放してください。せっかく見つけても、人の目が気になって楽しめないという人がいますが、人は、あなたが思っている以上にあなたを見ていません。みんな、自分の居場所を探すことで精一杯なのですから、人のことを気にする必要なんてありません。

あなたのホームはあなただけのもの。

それが見つかれば、たとえ一喜一憂してしまっても、自分の力で心をじんわりとあたためることができます。

そして、「私にはホームがある」という安心感は、自己肯定感を高めることにつながります。

RULE 5

「みんな」と「ひとり」をバランスよく選んでいる

人と一緒にいる時間が多すぎるとひとりになりたくなり、ひとりでいすぎると人恋しくなり、人間という生き物はおもしろいなぁとつくづく思います。

みんなでいる時間は「動」の時間です。たとえ会話をしていなくても、同じ空間にいるだけで刺激を受けるので、集中のベクトルは自然と外を向きます。

一方、ひとりでいる時間は「静」の時間です。集中のベクトルは内側を向き、自分が今何を感じているのか、どんなことを考えているのかを味わうことができます。

みんなでいる時間とひとりの時間のバランスをうまくとれるようになると、どんなときも自分らしくいられるようになり、自己肯定感が上がっていきます。

では、そのバランス感覚はどうすれば身につくのかと言うと、ひとりの時間を定期的に設けることで養われます。

現代はインターネットに常時接続状態で、リアルに顔を合わせていなくても、いつでもどこでも、あらゆる方法で他者とコミュニケーションがとれます。それは便利なことですし、気が置けない相手とのコミュニケーションは安らぎを与えてくれるという面もあるのですが、一方で、人とつながりすぎると、自分と会話をする力が退化してしまうという面もあります。

充足感のある人生をデザインしていくためには、「自分と会話をする力」を育てていく必要があります。「今、私は何をしたいんだろう?」「今後、どんなふうに生きていきたいんだろう」という問いかけをして意識のベクトルをぐいっと内側に向け、心の奥底から答えが返ってくるのを、耳を澄ませて待っていなければなりません。

それは慣れた人には簡単なことですが、普段から人といる時間が多くて、ひとりの時間を重要視していない人には難しく感じられるかもしれません。

しかし、夜寝る前のほんの数分でも、バスや電車に乗っている移動時間でも、湯船につかっている時間でもいいので、心の中に眠っている「本当にしたいこと」を見つけるために自分と会話をしてみてください。「一人会議」をしてみるのです。

一人会議をして、自分の内側の声に耳を傾けるのが上手になると、行動と決断に迷いがなくなっていきます。

——ひとりの時間がなくなってきているみたいだから、人と会う時間を減らそうか。

「うん、そうしようか」

——どこでひとりになりたい？

「お気に入りのカフェに行って、ぼーっとしたい」

——じゃあ、この作業が終わりしだい、すぐに行こう。

こんな感じで、自分の中で折り合いをつけていくことができます。

その調整力は、他者とコミュニケーションをするときにも、きっと役に立ちます。自分の願望を無理にでも相手にわからせようとするのでもなく、反対に、自分とは違う相手の意見を100パーセントのみ込むのでもなく、軽やかな会話によってお互いが納得する着地点におさまるよう、調整ができるようになるのです。

そうすれば、意固地になることがなくなります。「今日はひとりで過ごそう」と思っていても、誰かから急に声がかかれば、「2時間くらいなら大丈夫だから会おう」と柔軟にスタンスを変えていくことができるようになります。

「みんな」でも「ひとり」でも、どちらか一方に偏るのはやめましょう。

今、自分にはひとりの時間が足りているか？

みんなと一緒に過ごす余裕はあるか？

自分の心にノックして問いかけてみてください。

その問いかけは調整力を養い、しなやかな心を形作ってくれます。

RULE 6

一つの意見にとらわれない

徹頭徹尾、何があっても絶対に意見を変えない人は、「ブレない自分を持つ自己肯定感が高い人」……ではなく、自己顕示欲が高くて頑固で、あそびがない、自己肯定感が低い人です。

人は、自分のためだけに物事を決めようとすると頑固になります。

たとえば、「今晩はお肉を食べたい」と思ったとします。自分の意見を絶対に曲げない人は、何が何でもお肉を食べようと躍起になります。一人で食事をするなら、自分の思いを貫き通してお肉を食べればいいのですが、もし、一緒に食事をする家族が「お魚が食べたい」と言ったら、ブレない人はどうするでしょう。

家族がなぜお魚を食べたいのか理由も聞かず、「お魚なんて食べたくない！　絶対にお肉だ！」と主張してしまうと、当然、関係はうまくいかなくなりますよね。

では、柔軟性がある人はどうでしょう。

今日はお肉を食べたいと思っていても、家族にお魚が食べたいと言われたら、いったん自分の欲求を横に置いて、「お魚が食べたいのね」と家族の気持ちを受け止めます。そのうえで、あらためて自分自身に、「お肉じゃなくてお魚はどう？」と問いかけてみます。

「お肉が食べたかったけど、お魚もいいなぁ」

「お魚が食べたい気持ちもわかるけど、今日はやっぱりお肉がいいなぁ」

「今日はお魚にして、明日お肉にするのはどうか聞いてみよう……」

その日の気分や体調によって、さまざまな答えが出てきます。その答えを家族にフィードバックして、前向きな議論を始め、最終的にお互いが納得できる答えを出します。

確固たる意見を持つと、確かに芯は強くなります。しかしそのぶん、異なる意見を持つ相手とは摩擦が強くなりますし、自分の意見が通らなかったときには、自分を否定されたかのような気がします。

実は、ブレない自分というのは諸刃《もろは》の剣なのです。しなやかさに乏しく、自分の意見しか見ていないので視野も狭くなり、自分では考えつかないような素晴らしいアイデアを見過ごしてしまう可能性が高くなります。

自己肯定感が高い人は、必要であればあっさり意見を変えてしまいます。

自分は「これがいい」と思っていても、他者が「これがいい」と言ったものが、その場面では最適だと思うなら、「確かにそれはいいね！　じゃあ、それにしよう」とコロッと意見を変えてしまいます。

「明日は絶対にお寿司が食べたい！　お寿司を食べようよ」と、あらかじめ家族や友人に言っていても、当日になって「ごめん。やっぱりあなたが食べたいと言っていたパスタにしない？　せっかく『お寿司でもいいよ』と言ってくれたのにごめんね」と、謝れる潔さがあります。

心の奥底では、本当は相手の意見がいいと思っているのに、「私は一度これがいいと言ったんだから、意見を引き下げるわけにはいかない！」と意固地になるのは、自分の本心を曲げて無理をすることになり、自分を否定することにつながります。

この世に「絶対にこうだ」と言い切れることなどないのですから、変えたり、ゆずったり、全然違う答えを出したりしたっていいのです。それに、「本当にそれがいいの？」と問いかけると、小さなことならだいたいは、「どっちでもいいよ」という答えが返ってくるものです。

どっちを選んでも差がないようなことなら、思い切ってゆずってください。そして、「私はその場に応じて最適な答えを選べる柔軟性がある！」と自分をほめてあげると、自己肯定感はぐんと上がるし、人としての器も広がっていきます。

ただし、誰か一人が負担を背負うような選択肢や、最終的に人に迷惑がかかってしまうような選択肢は選ばないこと。「自分はこれがいいと思うけど、それだと相手を傷つけてしまう」という選択肢なら手放しましょう。

想像力を働かせて他者の心境や状況を考えたうえで、「どっちでもいいよ」というスタンスでいられれば、選択をあやまることはないはずです。

RULE 7

「好きでもないのにやっていること」をどんどん捨てる

前向きに生きていくほうが自己肯定感は高まるし、心もしなやかになっていくというのは、感覚的にはわかると思うのですが、具体的にどうしていけばいいと思いますか？

前向きということは、心が「快」のエネルギーに包まれていて、現在と未来に良い結果をもたらすような行動ができるということです。そのために必要なのは、日常生活の中で好きでもないのにやっていることを、一つずつ捨てていくことです。

好きでもないのにやっていることは、日常生活の中に意外とたくさんあるものです。しかも、巧みに紛れ込んでいるので、気づかないうちに習慣化されています。

そんな、「**本当はやりたくないこと**」**を見つける手がかりになるのが、**「**こうしなければならない**」**という、頭の中の声です。**

「朝はしっかりごはんを食べなければならない」「洗濯物は乾いたらすぐに畳まなければならない」「ごはんを食べ終わったら、すぐにお皿を洗わなければならない」「掃除機は2日に1回かけなければならない」「布団は毎日きれいに整えなければならない」……日常生活にまつわるこんな「ねばならない」の声が聞こえてきたら要注意！

生活に関する「ねばならない」は、やらなくても意外と大丈夫なのに、「ちゃんとしなければならない」とついがんばって、やりたくもないのにやっているものが多いのです。

「やらなければならない」と思うとき、心には「不快」のエネルギーが生まれます。一回ごとに生まれる不快のエネルギーは小さいので、大したことではないと見過ごされがちですが、それが毎日少しずつたまっていったら、大きな不快の塊になってしまいます。

すると、未来に向かってポジティブに動き出したくても、不快の塊が重くのしかかり、身動きがとれなくなってしまいます。さらに、「できない私はダメだ」という思考に陥りやすくなり、自己肯定感も下がってしまいます。

自己肯定感が高い人は、そんな「やりたくないのにやらなければならない」地獄に陥らないために、「好きでもないのにやっていること」をどんどん捨てていっています。

「朝ごはんは必ず食べなくてもいい。食べたいときは食べて、食べたくないときは食べない」と考えたり、「お皿洗いは、『やろう』という気持ちが湧いてから始めよう」と考えたりして、自分に鞭《むち》を打つようなことはしません。その結果、だんだんと「ねばならない」が減り、「やりたいこと」だけが残っていきます。それはまるで、白い碁石ばかりの中に紛れ込んでいる黒い碁石を見つけるような作業です。

「すぐにやらなければならない！」という衝動が生まれたら、小休止！

「本当に今すぐにやらないとダメ？」

「それは私じゃないとできないこと？　誰かに頼めない？」

と問いかけてみてください。

一方で、日常生活以外のことで、一カ月も二カ月もどうしようかとモヤモヤしていることもあると思います。そういうものは、意外と自分にとって大切なことなので、すぐに捨てずに抱えておいてください。そして、「好きでもないのにやっていること」をやめて得られた快のエネルギーで、前向きな結果が得られるようにポジティブに行動していってください。

日常生活に関することは、「ねばならない」を捨てて、「好きなこと」「楽しいこと」を習慣にして、快のエネルギーを生み出していく。長期的な課題や問題については、すぐに捨ててしまわず、ためておいた快のエネルギーを使って、少しずつ前向きな解決に向かって進んでいく。そうやって、快のエネルギーを燃料にポジティブな選択を積み重ねていくのが、前向きに生きるということです。

小さな「ねばならない」を日々見つけ、捨てていきましょう。「捨てられた！」という喜びは自信に変わり、自己肯定感を高めていってくれます。

RULE 8

自分も周りもご機嫌になることをする

「品」は、自分の内面が表に出たものです。普段からどんな考えを持っていて、どんな信念に従って決断を下し、誰のことを大切に思って生きているのかが、立ち居振舞いや表情、持ち物や服装、雰囲気に品となって表れます。

そして、上品であるか下品であるかの違いは、物事のポジティブな面に焦点を当てているか、ネガティブな面に焦点を当てているかで決まります。

上品な人は、どんな状況でも希望を見出し、物事の良い面に光を当てます。嫌なことが起きても、問題への対処方法を前向きに考えて、良い方向に軌道修正するために行動します。

下品な人はその反対で、物事の悪い面ばかりに焦点を当て、思考は凝り固まって一つの考え方しかできず、嫌なことが起きたら他者に責任転嫁をしたり、自分はダメだと自己否定をしたりして、後ろ向きに考えます。

自己肯定感が高い人は、物事の良い面を見つけて光を当てることができるので、当然、立ち居振舞いや雰囲気に品が生まれます。

自分が上品なのか下品なのかをチェックするには、行動と選択をするとき、「自分を良く見せようと思ってしている」のか、「自分だけでなく、周りの人もご機嫌にするためにしている」のかを観察してみてください。

ファッションやメイクが派手な人でも、上品な人と下品な人がいますが、派手で下品な人は、「自分を良く見せようと思っている」ことが多いものです。

派手だと目立つので、他者の目を引きやすく、「いいね」と言われる確率が高まります。しかし、周囲からたくさんの「いいね」を集めるために派手に着飾る裏には、「他者承認を集めなければ自分を認めることができない」という依存心があります。

自分で自分をご機嫌にすることができないから、人にご機嫌にしてもらおうとするのです。

それは自立とは程遠いことです。いつも誰かに「いいね」と言ってもらって、支えてもらわなければ、自分を保つことができないからです。

一方で、派手で上品な人は、まずは自分をご機嫌にするために派手に着飾ります。元気が出ないときや、前向きになれないときに、鮮やかなファッションやメイクをすると気分が上がりますよね。そうやって、ポジティブなエネルギーを取り込むために「派手」を利用するのです。

そうやって、気持ちが上向きになってきたら、そのポジティブなエネルギーを周りにもおすそわけしていきます。

そこには、「いいね」を周りからかき集めようとする依存心はありません。むしろ、自分で自分をご機嫌にしようとする自立心があります。そんな姿勢を見て、周囲の人は、「あの人は品がいい」と思うのです。

自分の幸せと同時に、人の幸せも願って行動ができる人は、上品で自己肯定感が高く、自立した人になります。

品は、人に見せつけるものではなく、自《おの》ずとにじみ出てくるものです。上品に見えるようにいくら振舞ったり着飾ったりしても、心の中が真っ黒なら、美しくは見えません。

では、どうしたら上品になれるかと言うと、まずは、上品か下品かなどは考えずに、**自分で自分をご機嫌にする選択を積み重ねていくこと**です。自家発電でご機嫌な気分を生み出せるようになると、物事の良い面に光を当てて、前向きな行動ができるようになります。さらに、「あなたにもご機嫌になってもらいたい！」という願いが生まれます。

人に幸せにしてもらうのではなく、自分で自分を満たしてあげる。

それは何と上品な行為でしょうか！

「私を見て！」ではなく、「自分も人もご機嫌に」を合言葉に、ご機嫌になる決断と行動をしていきましょう。

RULE

9

一日を気持ちよく過ごすための ルーティンを持つ

悩んだり迷ったりすることは、「快」のエネルギーを消耗します。

特に、日常生活で生じる小さな「迷い」は、気づかないうちにじわじわとエネルギーを消耗していきます。

仕事に行く日の朝、着る服が決まらなくてクローゼットと鏡を行き来しているうちに何だか疲れてしまった……という経験はありませんか？　疲れるならまだしも、「うちには全然良い服がない！」と、気に入って買ったはずの服が色あせて見えてしまったりすると、余計にエネルギーが消耗されます。

しかし、その日に着る服があらかじめ決まっていたらどうでしょう。パッと着替えてすっきり一日をスタートできます。

自己肯定感が高い人は、むやみに自己肯定感を下げてしまわないように、エネルギーを消耗しない工夫をしています。

そこで注目してほしいのが平日です！　**無駄にエネルギーを消耗しないために、オンの日である平日のルーティンを、自分が心地いいと思っている習慣で埋め尽くしてほしいのです。**

たとえば、「平日の朝はパンとヨーグルトとコーヒー」と決めてしまえば、朝から「何を食べようかな……」と悩む必要がなくなります。「トイレ掃除は水曜日と土曜日にする」と曜日で決めるのも気がラクになりますし、「家で仕事をするときはこの3セットの服を着回す」「職場に行くときの服は、前日の夜に、思い切り悩みながら楽しんで決める」と、パターンを決めてしまうのもいいでしょう。

そうやって、平日を自分のお気に入りのルーティンで回していくと、悩んだり迷ったりする時間の総量が減るので、結果的に機嫌よく毎日を過ごすことができるようになり、自己肯定感も安定します。

ただ、そうやって平日を「いつものラクなパターン」で回していくと、メリハリがなくなるんじゃないか……という懸念が生まれるかもしれません。

そこで休日の出番です！

平日に悩んだり迷ったりしないぶん、休日は「楽しく悩んだり迷ったりする日」にしてしまいましょう。

「平日の朝はパンだけど、今度の休日は違うものを食べよう。卵焼き用のフライパンを買ったから、それで卵焼きを作ってみようかな。実家から送られてきた野菜でお味《み》噌《そ》汁を作るのもいいな。ごはんは思い切って土鍋で炊いてみようかな……」

こんなふうに、休日を楽しく過ごすためのアイデアをあれこれ考えては、どれを選ぼうか迷うことは、苦しみにはならず、楽しみになります。

人は、こうやってわくわくするイメージを頭の中に広げているとき、日常の「ねばならない」から解放されます。責任感や義務感、使命感の鎖が消えるのです。そして、自分の「これが好き！」「これがしたい！」という純粋な欲求を感じているとき、心はすっかりリラックスするのです。

人生に彩りを与えてくれる解放感を広げていくためには、平日と休日のメリハリをつけることが大切です。

休日に思い切り自分を解放するために、平日のルーティンを作ってみてください。

そのとき、誰かのルーティンを真似することや、社会的に「これがいい」と言われていることを取り入れる必要はありません。

また、朝が弱いのに「早起きする！」などと無理をする必要もありません。「歯ブラシはこれがいいな」とか、「タオルはこの素材が気持ちいいな」とか、「洗濯洗剤の香りはこれが好きだな」「この湯のみでお茶を飲むと気分が上がるな」などと、お気に入りのグッズを選ぶところから始めてもいいのです。

そんな小さなことの延長線上に、「それをしているだけで気持ちいい！　楽しい！自己肯定感が上がる！」ようなルーティンがあるのです。

平日を「お気に入り」で埋め尽くしてしまいましょう。お気に入りを愛《いと》しく思う気持ちは、それを選んだ自分の感性に自信を持つことにもつながります。

RULE

10

「自分らしく」より「人間らしく」を大切にする

「自分らしく生きよう」と思っても、「具体的にどうしたらいいかわからない」という声をよく聞きます。「自分らしく生きる」というのは、わかるようでわからないものです。特によく質問されるのが、

「『自分らしく生きる』のと『わがままに生きる』のは、何が違うのですか？」

「自己肯定感が高いというのは、自己主張ができるということですか？」

ということです。

私は、この二つの質問を寄せられたとき、どうやって答えたらいいだろう……と、いつも頭を悩ませてしまいます。

がんばりすぎて心身が悲鳴を上げているときは、「休みたい」という心の叫びに従って、多少「わがままだ」と言われても、自分を優先することが必要です。このように、時と場合によっては、自分の思いに従って動いたほうが、自己肯定感を保てるときもあるため、一概に「わがままはいけない」とは言い切れないからです。

そんな話をすると、「じゃあ、あまり乗り気じゃないからと言って、約束に遅刻してもいいんですか？　だって、乗り気じゃないってことは、自分らしくいられないってことだから」と言われることがあります。

さて、みなさんなら何と答えますか？

私は、このように答えます。

「『自分らしく』ある前に、『人間らしく』あってください」

自分らしく生きることは、自分勝手に生きるということではありません。乗り気じゃないからと約束をやぶったり、「だってそう思ったから」と人を傷つけるような不用意な発言を平気でしたり、邪魔だからとゴミをポイ捨てしたりするのは、人間らしくない行為です。

人間らしくない行為とは、人の迷惑や不利益を考えずに、「自分がしたいからする」という単純な理由だけで、人と人、人と社会の間で結ばれている良好な関係を、ブツブツと切っていく行為です。

自分らしくあるためには、人間らしくあることが大前提です。

そして、**何が人間らしい行為で、何が人間らしくない行為かは、決断と行動をするときに常に念頭に置いておく必要があります。**

それに、人間らしくない行動を続けていると、一時的には「自分は何でもできる！」「やりたいことは全部やれる！」という全能感が盛り上がるかもしれませんが、やがては後悔と罪悪感に苛《さいな》まれるようになるし、当然、人と良い関係を結ぶことができずに孤立してしまいます。

自己主張も、自己主張が必要なときもあれば、自己主張を控えておいたほうがいい場面もあります。そこには絶対的な正解があるわけではなく、トライアル&エラーを繰り返しながら、自分で自己主張のタイミングを見極めていかなければなりません。正解は自分で見つけていくしかないのです。

正解を見つけるためには、「今、何を一番大切にしなければならないか？」という問いかけが必要です。そして、状況を把握し、前向きに考え、自分の考えに従って行動し、その結果がいいものになったとき、自己肯定感は上がっていきます。

また、今、自己肯定感が上がっているか下がっているかを自分でわかっていると、「今は落ち込んでいるから、わがままになって自分にやさしくしちゃおう」「今は自己肯定感が高くて判断力もあるから、自分の意見を主張して、相手と議論をしよう」などと、自分らしさやわがまま、自己主張を上手に使い分けることができるようになります。

自分らしく生きるということは、思うままに生きることではありません。それがわかっている人が、自立した自己肯定感の高い人なのです。

RULE

11

「自分で決めたこと」は夢中になって取り組む

しなやかな心を持つ自己肯定感が高い人は、我を忘れて夢中になることや、一生懸命になって物事に没頭するような、情熱的な側面はないと思われがちですが、そんなことはありません！

自分にとって何が大切で、どんな信念を持って生きていきたいかわかっている人は、ひとたび「ここは夢中になるときだ！」と見定めると、驚くほどの大きなエネルギーを生み出します。ときには、「どうしてそんなにがんばれるの!?」と周囲が腰を抜かすほどのがんばりを見せることがあります。

しかし、本人は無理やり力を振り絞って、ギリギリの状態でがんばっているわけではなく、もっと気楽に、必死になっている自覚がないほど自然に没頭しています。

なぜなら、その先にある到達点を見ているからです。

それはまるで、上りたくてたまらない坂道を、自転車で立ちこぎで走っているような感覚です。顔は地面ではなく坂の頂上だけを見据えていて、「そこには何があるんだろう」と、わくわくした気持ちで上っています。

ただし、いくら夢中になって上っていても、力及ばず失敗してしまうこともあります。そんなとき、自己肯定感が高い人は、自分を否定することがありません。なぜなら、「挑戦できた」というだけですでに満足していて、ポジティブなエネルギーが湧いてきているので、失敗してもその経験を次に生かそうとする力が充分に残っているからです。

それに、目標は明確でも完璧は目指していません。完璧にそれを手に入れられなくても、たとえ目標の3割しか得られなくても、「自分で決めて、自分で行動できた」という実績が、これからの自分を支えてくれるとわかっているからです。

失敗がない成功はありません。ならば、完璧な成功を目指さずに、とにかく挑戦してしまえば、それだけで自己肯定感は上がっていきます。

私は、「最近、失敗の数が少ない気がするな」と思ったら、新しい挑戦をどんどん増やすようにしています。当然、失敗の数も増えるのですが、その経験は必ず次の挑戦の糧になります。「次はどうしたらいいだろう」と考えるきっかけを与えてくれるのです。

全部うまくいかなくてもいいのです。物事を完璧に成し遂げようとする心は、何が何でもそれを手に入れないと満足できないという執着を生みます。そして、成し遂げられなかったときには自己否定感が生まれてしまいます。

「できなかった！」「失敗した！」と潔く負けを認めてしまったほうが、人として大きく成長できます。「失敗してもいい！　やる！」と、とにかく勝負どころでは果敢に挑戦してみるのが、自己肯定感が高い人です。

とは言え、自分の勝負どころがわからないという人もいるでしょう。そんな人は、これまでも何度もお話ししてきたように、自分に次のような問いかけをしてください。

「自分が大切にしたい価値観は何？」

「自分がほっとできてリラックスできる場所はどこ？」

「わくわくドキドキするのはどんなとき？」

「無邪気な自分に戻れるホームはどこ？」


その答えの一つひとつが、あなたが夢中になれることを見つけるカギになってくれます。

何も答えが出てこないというときは、頭で考えるのをやめて、「今何をしたいか？」という直観に従って、とにかく動いてみてください。お菓子が食べたいなら食べればいいし、トイレに行きたいなら行けばいいし、立ち上がりたいなら立ち上がってみてください。「そんな小さなことで何が変わるの？」なんて思わずに、ぜひやってみてください。

RULE 12

「やりたい」と思ったら1秒で取りかかる

「今やる、すぐやる、とっととやる」

これは、私が行動を起こすときに、おまじないのように口にしている言葉です。

一日の中には「どうしようかな」と迷う場面がたくさんあります。

「電車の何両目に乗ろうかな」「何時に家を出ようかな」「どっちの野菜を選ぼうかな」「どの席に座ろうかな」「自転車をどこに停めようかな」「どのメニューを選ぼうかな」「どの番組を観ようかな」「どのアクセサリーをつけようかな」「どの飲み物を買おうかな」……挙げればキリがないほど、日々無意識に、「どうしようかな？」という問いを自分に投げかけています。

私はそんな問いが生まれたとき、最初に思い浮かんだものを選んでみるようにしています。直観に従って動いてみるのです。

その結果、良い結果が得られたら「今日は直観がうまく働いたな」と、その日の自分のセンサーをほめます。もちろん、「しまった、こっちじゃなかった！」と失敗することもあり、そういうときは「これでまた一つ勉強になった」と失敗したことを喜んでしまいます。

そうやって、**小さな失敗と小さな成功を楽しめるようになると、いつまでも先延ばしをして、ずっとモヤモヤしているということが減っていきます。**

すぐに取りかかればいいとわかっているのに、腰が重くてなかなか動けないという人は、一日の中で何度も訪れる小さな決断の場面でさえも、決断を先延ばしにしてしまっているのではないでしょうか。

一日の中で遭遇する決断の多くは、どちらを選んでもそんなに差がない、「どっちでもいいこと」であることがほとんどです。電車やバスでどの席に座っても行き先が変わるわけではないし、どのアクセサリーをつけたって、それがお気に入りなら気分は自動的に上がります。何を選んでも差がないことなら、思い切って最初に気になったものを選んでしまえば、「決断できた」ことが自信につながります。

そして、重大なことを決めるときも、普段から小さな成功体験と小さな失敗体験を積み重ねていれば、過度な不安にのみ込まれることはありません。「失敗する可能性はゼロではないけれど、これまでだってたくさんの失敗をしてきた。そして、そのたびに解決に向けて対応することができた。だから失敗しても大丈夫。やってみよう！」と前向きな姿勢でチャレンジできるようになるのです。

このように、普段から気軽に失敗と成功を積み重ねていくと、いざというときに勝負ができます。「やりたい」と思ったら1秒で取りかかるというのは、勝負どころでフットワーク軽く挑戦できるように、普段から「やる」練習をするということです。

アスリートが本番の場面で緊張せずに全力を出せるのは、普段から並々ならぬ練習をしているからです。何度も緊張や失敗をしたからこそ、本番では「あれだけやったんだから大丈夫」と自信を持って挑むことができるのです。

アスリートに限らず私たちも一緒です。「やっぱりあっちの席がよかったな」「やっぱりあの靴にしておけばよかったな」と、そんな小さな失敗の数々が、「もしかすると失敗するかも」という不安を小さくしてくれます。

不安は、具体的な行動に落とし込むことで小さくなっていきます。「次はどうしたらうまくいくだろう?」「前回の失敗を踏まえて、今回はどうやって行動しようか?」という前向きな思考が、不安をどんどん小さくしていってくれるのです。

「今やる、すぐやる、とっととやる」

この合言葉で、成功上手、失敗上手になっていきましょう！

そうすれば、大舞台も楽しんで挑める人になれます。

RULE 13

うまくいかなかったときはやる気が出るまで待つ

一つ前の項目では、うまくいくかわからなくても、まずはやってみることが大切だとお伝えしました。やろうと決め、行動して進んでいくと、自ずと悩む場面が訪れます。そのときに初めて真剣に悩めばいいので、始める最初の一歩では悩む必要がないからです。

そうやってチャレンジした結果、失敗して落ち込んでしまうことがあります。挑戦が大きければ大きいほど、落ち込みが大きくなるのは自然なことです。

では、失敗したら、自己肯定感が高い人はどうするでしょう。無理に自分を鼓舞して、一刻も早く立ち直ろうとすることはしません。

自己肯定感が不安定な人は、「ほら言ったじゃないか。挑戦なんかしないほうがよかったんだ」と自己否定をしたり、「落ち込んでいるひまはないんだから、次に行こう！」と無理やりエンジンをふかしたりしがちです。

しかし、それでは自己肯定感はどんどん下がってしまいます。

うまくいったか否《いな》かよりも大切なことは「行動を起こした」という事実です。「行動した」ということは、それだけで素晴らしいことで、自信に変えていってほしいことです。それなのに、「まだまだ！　もっともっと！　そんなんじゃダメだ！」と自分を責めてしまっては、自尊感情はしぼんでしまいます。

自己肯定感が高い人は、「挑戦できた私は素晴らしい」と、いったん自分をほめます。そのうえで「失敗したのは仕方ないから、今はゆっくり休もう」と、自分をねぎらいます。

大きな挑戦をして失敗したときは、ゆっくり休んでください。なぜなら、挑戦するために使い果たしたエネルギーが、また少しずつたまっていくのを待つ必要があるからです。

人は、挑戦しようと思ったときに、内発的動機付け、つまり「やりたい！」という心の欲求が出てこなければ、スムーズに行動に移せません。同じ物事でも、他者から「やれ！」と言われたのと、自分から「やりたい！」と思ったのでは、意欲の持続力がまったく違いますよね。「やれ！」と言われたときはやる気が出ず、「やりたい！」と思ったときはどんどんやる気が出てくるものです。

外発的動機付けばかりでは、良いパフォーマンスができないのです。「やりたい！」という内発的動機付けが出てきたとき初めて、人は挑戦する覚悟が決まります。意欲は湧かせるものではなく、自然と湧いてくるものなのです。

失敗したあとは、やみくもに動く必要はありません。好きな音楽を聞いたり、会いたい人に会ったり、ぐっすり眠ったり、食べたいものを食べたりして、「快」のエネルギーをためていってください。そうすればやがて、物事の肯定的な側面が見られるようになり、未来に向かってポジティブなイメージを描くエネルギーが湧いてきます。

自分が今、どれくらいの「快」のエネルギーを持っているかを、自己肯定感が高い人はちゃんとわかっています。内側にどれくらいのエネルギーがたまっているかがわかっているので、ベストタイミングで挑戦することができます。

「待つ」というのは、意欲がないということではありません。動けない自分に焦るかもしれませんが、罪悪感はいりません。**エネルギーがたまっていくのをゆっくり待つ時間は、心を休ませ、自己肯定感を育てる時間です。**自分の内側に耳を澄ませて、待ってください。快のエネルギーがたまれば、自然とやりたくなるし、追い込まれたほうが火がつくこともあります。

失敗しても、何度でも何度でもまた挑戦できます。

そのために「待つ」を上手に使っていきましょう。

RULE 14

疲れたときは無理せずすぐに休む

自分の状態がわかっているということは、大きな安心感を生みます。その安心感は自己肯定感を高め、「自分に関心がある」ということは自己理解につながります。

自分のことがよくわかっている人は、躊躇なく休むことができます。まだやらなければならないことがあるし、やりたい気持ちもあるのだけれど、どうしても体力が追いつかないときは、潔くさくっと休んでしまいます。

休むという行為は後退しているのではなく、前に進むエネルギーをためるために切り替える時間です。潔く休める人は、「自分はこの先もどんどん進めるだろうから、今はいったん休んでおこう」と、自分を大切にできます。それは、「自分は価値ある存在だ」と認められているということです。

自分に価値があると思っている人は、**「自分がすることはきっと誰かの役に立てることだから、相手のためにも今は自分を大切にして、自分の価値を再確認しよう」**と考えられます。無理や我慢をして自分を犠牲にすることは、自分を傷つけるだけでなく、周囲をモヤモヤさせることだとわかっているからです。

今の自分の状態に関心が向けられるようになると、疲れをすぐに察知することができます。疲れは、ためてしまうと解消するのになかなか時間がかかりますが、疲れたそばから抜いていってしまえば、「疲れすぎて動けない……」ということにはなりません。

また、自分に適した解消法がわかっていれば、休むためにすぐに行動を起こすことができます。

私は、日中に疲れを感じたとき、疲れ具合によって昼寝時間を決めています。集中力がなくなってきたときは5分、寝不足で疲れているときは10分、体力が続かなくなってきたときは30分寝ると決めているのです。

なぜこのように時間を設定しているのかと言うと、疲れを感じるたびに、「どうすればすぐに疲れを抜くことができるだろうか？」と、寝る時間をいろいろ設定して実験してみたからです。「これくらいの疲れのときは30分寝ると余計に疲れてしまうから、10分くらいがよさそうだ」と、何度も実験を重ねた結果、疲れ具合によって5分、10分、30分という区切りができたのです。

他にも、疲れを軽減するためには、どんなふうに水分を摂取するのがいいのか？という実験をしてみたこともあります。水を飲むとしても、硬水と軟水はどちらがいいのか？ 一日どれくらい飲むのが適しているだろう？ 寝る前には水と白湯《さゆ》、どちらを飲むのがいいのか？ と楽しんで実験しました。

専門家が提示する解消法を試してみるのもいいですが、それが自分に合っているかどうかは、実験してみなければわかりません。

実験は、自分を理解することにつながり、自分のことを深く知っていくと、「何が起きても私は対応できる」という自信が生まれます。

ただ、疲れていても、全然休む時間がないほど忙しいときもあります。

そういうときは、たった一つでいいので、身近なものを変えてみてください。歯ブラシを新しくしたり、シャンプーを変えたり、ペンやスマホカバーを変えてみたりするのです。

休むということは「切り替える」ということなので、ゆっくり休む時間が持てないときは、普段使うものを新調すると、気分が切り替わり、快のエネルギーが生まれます。お気に入りのものを選べば気分も上がり、あそび心も生まれます。

疲れたときは、自分を理解するチャンスです。自分は何が好きで、何を持っていると安らぎを感じ、どうすると心が休まるかを、楽しんであそぶように実験してみてください。疲れても解消する方法がわかっていれば、失敗を恐れず、どんどんチャレンジができるようになるはずです。

RULE

15

何も考えない真っ白な時間を作る

自己肯定感が高い心を育てるためには、何も考えない時間を作ることが大切なのに、一日の中で一番後回しにされてしまうのが、何も考えない時間です。

何もしていないとそわそわして、「何かしなければならない……」という焦りが生まれてきてしまいますが、**頭と心をすーっと透明にする時間ほど、自己肯定感を高めるために必要な時間はありません。**

私は、毎朝、トースターでパンを焼いている2分間を、何も考えない時間にすると決めています。2分間は神棚の前に立って、両手を合わせて目を閉じて、心の中が透明になるのを待ちます。

朝は、心をすーっと透明にするのに適した時間です。散歩をしたり、歯を磨いたりしながらでもいいので、ぜひ作ってみてください。

もちろん、日中の忙しい時間帯でも、心がざわざわしてきたら、自分の内側に集中してみましょう。そのとき、心をスノードームにたとえてイメージすると、感覚をつかみやすいと思います。

スノードームをひっくり返すと、雪がざーっと落ちていきますよね。舞っている雪は、心や頭の中にあるざわざわとした感情や思考のかけらのようなものです。雪が舞いすぎていると向こう側が見えなくて不安になるものですが、だんだんと雪が落ちていくと、見通しが良くなります。それは心も同じことです。頭や心がざわざわしていては、普段なら前向きに考えられることも考えられなくなってしまいます。

だからこそ、何も考えない時間を少しでも作ってほしいのです。それはまるで、お清めやお祓《はら》いをしているような時間です。まっさらな状態になれば、「よし、やるぞ」という意欲が自然と出てくるはずです。

夜もいいですね。寝る前に、何も考えない自由な時間を作ると、心がほっと安心できます。安心感は心の中に、でこぼこのないフラットな状態を作ります。フラットな土壌は自己肯定感を高めます。左にも右にも上にも下にも行ける土台が作られるからです。

とは言え、何もしない時間はとにかく後回しにされがちです。

なぜなら人は、本当に大切なことよりも、目先の問題につい注目してしまう生き物だからです。

確かに、目の前にある問題は、解決したほうがいい問題かもしれません。しかし、それは本当にあなたが解決しなければならない問題でしょうか？

すぐにでも取りかからなければ取り返しがつかなくなることでしょうか？

心をフラットにする時間を手放してまで、取り組むべきことでしょうか？

その問いかけに対する答えがいずれも「NO」であるならば、自分のホームに戻る時間のほうが、きっと大切なはずです。

自己肯定感が高い人は、その大切さがわかっているからこそ、あえて何もしない時間を、毎日の時間割りの中にちょこちょこと組み込んでいます。そして、気分を常にフレッシュに保つことで、前向きなエネルギーをどんどん生み出しているのです。

いかがでしょうか。第3章では、しなやかな人が自己肯定感を高めるためにしていることをご紹介してきました。すでにみなさんがしていることはありましたか？　もしかすると、「どれも全然していなかった！」という人もいるかもしれません。

しかし、反省は不要です！　**反省は行動に変えましょう。大切なのはうまくできることではなく、「やってみた」という行動そのものです。**自己肯定感は、行動してこそ高まっていきます。どれか一つ、今すぐやってみましょう。

それも難しい……という人がいても大丈夫！　次の第4章では、行動しなくても、つぶやくだけで自己肯定感を上げる言葉をご紹介していきます。

第4章

人生がもっと楽しくなるポジティブワード

「ポジティブな言葉」って口にすると気分が上がるね
読むだけでも心がすっきり晴れていく～

言葉は自己肯定感を高めるカギ

「次のカウンセリングまでに、元気になる言葉を10個探してきてください」

これは、カウンセリングのセッションで、私がよくクライアントさんに出す宿題です。本や雑誌、漫画、インターネット、SNSで見かけた言葉や、人から送られてきたメールの一文でもいいので、その言葉を読んだり、聞いたり、口にしたりすると元気が湧いてくる言葉を、10個探してきてもらいます。

世の中に名言と呼ばれるものは数多くありますが、一つの名言がすべての人の心を震わせるとは限りません。人それぞれ感性が違うので、ある人に響く言葉が、ある人にも必ず響くとは限りません。だからこそ、自分の心に響く言葉を自分で探すということが、自分の心を支えるためには必要なのです。

書いてきてもらった10個の名言を見ると十人十色で、それぞれの個性が出ていておもしろいものです。セッションのときにクライアントさんに読み上げてもらうとみるみる表情が変わっていくので、言葉が心にもたらす影響は大きいなぁといつも感じています。

また、「この人はこういうタイプの言葉が好きだから、こういう行動をよくとるんだな」ということも、観察しているとわかってきます。

頭の中にある言葉を結びつけることで思考が生まれ、その思考に従って行動が生まれます。**頭の中にネガティブな言葉が入っていれば思考はネガティブになり、行動も後ろ向きのものになります。反対にポジティブな言葉であふれていれば、思考はポジティブになり、行動も前向きになります。**

自己肯定感が高い人の頭の中には、ポジティブな言葉がたくさん入っています。わくわくするような言葉の数々が、前向きな行動を促しているのです。もし、一時的に自己肯定感が下がっているとしても、自己肯定感を上げる言葉をたくさん知っていれば、それを読んだり、書いたり、口にしたりすることで、自分で自己肯定感を上げることができます。さらにそれがお気に入りの言葉であれば、効果はさらに上がります。

言葉は、思考と行動の源泉です。一つひとつの言葉は小さなものでも、思考になって大きく膨らむと、ダイナミックに人生を左右していきます。さらに、たとえそれが自分に向けられた言葉でなくても、触れるだけで多かれ少なかれ影響があります。

たとえば、少し落ち込むことがあったとします。そんなときに、もっと落ち込んでいる友人がいたとしましょう。しなやかな心を持っている人は、自分もつらいけれど、「つらかったね。大丈夫。何か私にできることがあったら声をかけてね」と、相手に寄り添う言葉をかけるでしょう。すると、相手に向けて発したはずの言葉に、なぜか自分も救われたような気になってしまうのです。それほど、言葉は人の心を微細に左右します。

この章では、自己肯定感を高める言葉を次の5種類に分けて紹介していきます。

①一日が軽やかに動き出す朝の言葉

②すぐにでもわくわく行動したくなる言葉
③心をゆるめて休ませる言葉
④人づきあいが今よりもっとうまくなる言葉
⑤一日のストレスがすーっとなくなる夜の言葉

それぞれの言葉がより効果的にあなたの自己肯定感を上げるように、一緒にするといいアクションも紹介しています。言葉＋行動で、言葉の効果は高まり、自己肯定感を瞬間的に上げてくれます。

これからたくさんの言葉を紹介していきますが、お気に入りのものを見つけてください。そして、お気に入りの言葉を口ぐせにしてみてください。この本を見なくてもふと口から出てくるようになれば、そのぶんだけ自己肯定感の土台は頑丈なものになっているはずです。

言葉は人生を作ります。上向きな言葉を口ぐせにして、自己肯定感が高いしなやかな心を作っていきましょう。

一日が軽やかに動き出す朝の言葉5

目覚めてすぐに心身をすっきり整えると、それだけで自信がふつふつと湧いてきて、自己肯定感が高まります。

朝の光をたっぷり浴びて「今日もすっきり気持ちよく」と、ぐーんと伸びをしよう。

アクション

両手をパッと開いて、両腕を空に向かってぐーんと伸ばしてみましょう。気持ちよく背骨を伸ばし、無理のない範囲で胸をそらすと呼吸が深まり、気持ちが前向きになります。

朝に、「すっきり気持ちよく」とつぶやくか、「ゆったり気持ちよく」とつぶやくかで、一日はまったく異なるスタートを切ります。今日という新しい一日を気持ちよく始めるには、やはり「すっきり」のほうがぴったり！

晴れている日はもちろん、曇りの日や雨の日も、庭やベランダに出たり、窓辺に近づいたりして朝の光を浴びると、幸福ホルモンと呼ばれる「セロトニン」が分泌されて、「今日も一日、やるぞ！」という活力があふれてきます。また、指を大きく広げることで交感神経が優位になり、体も動き出す準備が整います。

人の心身とは不思議なもので、目覚めがいくら悪く、体がだるくても、朝日を浴びてぐーんと伸びをすると、夜のうちにたまっていたざわめきがすっと晴れてくるものです。そして自然と、「今日はこれをしよう！」という前向きなアイデアが思いつくようになります。

新しいことを始める日は、「勇気を持って潔く」と、ぎゅっとこぶしを握ろう。

アクション

ぎゅっとこぶしを握ると、そこに緊張が集まります。すると、そこがエネルギーの源泉となって、心が前向きになります。内側にぎゅっと力をためるつもりで握りましょう。

脳には変化を嫌う働きがあるので、新しいことを始めようとするときはどうしても不安や恐れが出てきて、挑戦することを阻止しようとします。勇気を持って「やる」と決断したはずなのに、いつの間にか不安につぶされそうになる経験は、誰しも持っているのではないでしょうか。

新しいことを始める日の朝は、わくわくする思いと、ドキドキする不安がないまぜになっているので、不必要に不安を増幅させないようなケアをする必要があります。

不安や恐れは、勇気で断ち切ることができます。勇気は、頭や心の中から無理やりしぼり出すものではなく、体の一点に心地いい緊張を集めることで自然と出てきます。こぶしをぎゅっと握ってみてください。何だか力が湧いてきませんか？　両方のこめかみあたりを、人差し指、中指、薬指の三本でトントントントンと軽く叩《たた》くこともおすすめです。

冷たい水で顔を洗って、鏡の中の自分を「今日も良い顔してるね」とほめよう。

アクション

夏でも冬でも、朝一番に顔を洗うときは冷たい水で洗いましょう。きりっと顔が引き締まり、良い表情が生まれます。ふわふわのタオルで顔を拭けば、たちまちやる気が生まれます。

京都の下鴨《しもがも》神社では、毎年7月下旬にみたらし祭というお祭りが開催されます。このお祭りには「足つけ神事」というものがあり、境内にある御手洗池に膝くらいまで足をつけることで、無病息災を祈ってお祓《はら》いをします。池の水温はとても低く、真夏なのに「冷たい！」と思わず叫んでしまうほどです。しかし、だんだんと頭がすっきりしてきて、池から上がる頃には心もさっぱりしています。

このように冷たい水は、心身のよどんだ気の流れをすっきり整えてくれます。特に、朝一番に冷水で顔を洗うと、それだけで感覚が冴《さ》えて爽快な気分になります。寝ぼけた顔も冷水で洗うとすっきりして、見違えるようにいきいきしてきます。そこへ自分をほめる言葉をかければ、気分は上がっていきます。夏だけでなく、冬もなるべく冷水で洗ってみてください。心地いい刺激が交感神経をオンにしてくれます。

ちょっとレベルが高いことをやる日は、「今日が一番良い日」と胸に両手を当てて息を吐こう。

アクション

朝は交感神経を優位にするためにこぶしを握ったり、体を軽く叩いたりして刺激を与えるといいのですが、不安が大きいときは、手を当てたり、なでたりするほうが有効です。

レベルが高いことをするというのは、未経験のことをするということです。「体験したことがない」という事実は心理的なプレッシャーとなって重くのしかかり、一歩踏み出す勇気を阻害してしまう要因になります。

そこで、不安一色になっている意識を、「大丈夫」という安心感で包んであげる必要があります。安心感は、誰かに抱きしめられたり、やさしくなでてもらったりと、やわらかでかすかな刺激によって生まれます。抱きしめてくれる人がいなくても、自分の胸に静かに手を当てて呼吸に集中するだけで、不安は静かに消えていきます。

不安が生まれてきているということは、心がマイナスな状態になっているということです。マイナスな状態でいくらやる気を出そうとしても、足元がぐらついてしまいます。胸に手を当ててゆっくり深呼吸をすることで安心感の土台を作り、そのうえでレベルの高いことにチャレンジしてみましょう。

「大切にするね」と自分をぎゅっと抱きしめよう。

アクション

自分をぎゅっと抱きしめると、全身が心地いい刺激に包まれます。この刺激が、自尊感情を呼び覚まします。起き上がる前に布団の中でぎゅっと自分を抱きしめるのがおすすめです。

「大切なもの」って何でしょうか？　これまでの章を読んできてくださった方なら、何度も「自分の人生において大切なことって何だろう？」と自問自答を繰り返してきてくださったのではないでしょうか。

家族、仕事、趣味、お金、好きなもの……さまざまな答えが思い浮かんだかもしれませんが、忘れてはならないのは、それらは自分が生きていてこそ大切にできるということです。自分の体がこの世に存在しなければ、大切なものを大切にするという行為はできません。

なので、そんな尊い唯一無二の存在である自分を、朝一番にほめたたえてあげてください。心にゆとりがなくなっているときほど、自分の存在をないがしろにしがちです。でも、自分の存在があってこそ、素晴らしい経験ができるし、思考や感情を味わうことができるのです。ぎゅっと抱きしめて心を愛情で満たしてから、一日を始めましょう。

すぐにでもわくわく行動したくなる言葉5

思い込みは自由を奪います。思い込みの鎖をほどく言葉を自分にかけて、自由の感覚を楽しみましょう。

「私は自由、どこまでも飛んでいける」

アクション

床に寝転がって大の字になったり、軽くぴょんぴょんとジャンプしたりしながら、この言葉をつぶやいてみてください。足を引っ張っていたものから自由になれる感覚を味わえます。

社会の中には確かに不自由さがあるのですが、それに巻き込まれてしまっているのは自分です。よく確かめもせずに不自由さを感じていることもあれば、思い込みによって自分で不自由さを生み出してしまっていることもあります。

自由は、選ぶことができるのです。自分で自分に「私は自由」と言い聞かせると、心身をしばりつけていた「不自由の鎖」がほどけていくのを感じられるはずです。

さらに、不自由から自由に切り替えるためには、座ったり立ったり、ジャンプしたりしゃがんだり、寝転がったり起き上がったりと、姿勢をパッと変えることが有効です。同じ姿勢でいると思考が固まり、不自由さを感じてしまいます。その呪縛を解くために姿勢を変えましょう。少しでも不快感があるなら、今の姿勢をすぐにやめて、自由に動き回ってみてください。

「人生を丸ごと楽しんじゃおう」

アクション

人差し指と親指でOKを作ったり、両手で大きな円を作ったりと、丸を作ってみましょう。丸は肯定を象徴するサインなので、自分の身に起きたことを肯定することができます。

生きていれば嫌なことも大変なことも、苦労することもあります。それらはすべて、自分の人生の大切な一部です。いいことも悪いことも全部受け入れて、肯定できるようになったとき、人間としての器はますます大きくなっていきます。

また、いいことも嫌なこともひっくるめて受け入れられるようになると、嫌なことが起きたときに動じなくなります。そればかりか、「どうやったら乗り越えられるだろうか」「誰に助けを求めようか」と、前向きな対策を練られるようになり、最終的には嫌な出来事すら楽しめるようになります。

右ページのアクションをしながら、この言葉をつぶやいてみてもいいですし、一日の終わりに、カレンダーにぐるっと花丸をつけながらつぶやいてみるのもおすすめです。また、やらなくてはならないことがあるときにこの言葉をつぶやくと力が湧いてきます。

「私の自由も大切、
あなたの自由も大切、
誰の自由も
奪われることはない」

アクション

自由であることを天に向かって宣言するように、人差し指と親指だけを立てて、空に向けましょう。または、胸の前で手を組んで、お祈りをするようなポーズでつぶやくのもいいです。

つきあいが長くなると、自分の領域と相手の領域がだんだん近くなってきて、いつの間にか境界がわからなくなってしまうことがあります。すると、「なんで私のことをわかってくれないの？」「あの人は空気が読めない」などの人間関係の摩擦が生まれます。

相手との境界が曖昧になってきているなと気づいたら、「人は人、私は私」という人間関係の法則を思い出しましょう。誰もあなたの領域を侵害することはできませんし、あなたも人の領域を侵害することはできません。

良い距離感を保つためには、まずは自分自身が自由であることを認識しましょう。自由であるということは、自立しているということです。自分の意思で物事を決め、自分の意思で行動を始めることができれば、自分だけではなく相手の言動も尊重できるようになります。自立した人同士の人間関係ほど、豊かで心地いい関係はありません。

「自由に話し、自由に書き、自由に表現していこう」

アクション

片手を胸に当てて、ポンポンポンと叩きます。やさしく胸を叩くことによって、「大丈夫」という安心感が生まれ、自分の感情や考えていることを素直に口に出せるようになります。

自分が考えていることを素直に表現すると、場合によっては批判を受けたり否定されたり、間違いを指摘されたり、揚げ足をとられたりすることがあります。人を傷つけるような表現をしたなら素直に反省すべきですが、そうではないのに嫌なリアクションを返されると、傷ついてしまいますよね。

自由に発言するには勇気がいります。しかし、それが本当にいいと思うなら、素直に表現することで世界は豊かに広がっていきます。自分の発言に対して批判的なことを言う人もいるかもしれないけれど、「いいね」と言ってくれる人も必ずいます。自分は一人ではなく、仲間がいるということを思い出して、感じたことを表現してみましょう。

周囲から何かと批判や否定をされがちな社会ですが、否定的な空気を広めるのではなく、肯定的な空気を広げていくためにも、まずは自分が自分の表現を肯定してあげてください。

「まずは願うこと。そこから自由は始まる」

アクション

両手の指を広げ、手のひらを空に向けるようにして、ぐーんと腕を伸ばしましょう。手のひらで太陽の光を受け取ると、目に見えないものの力が感じられ、エネルギーが湧いてきます。

運が良いか良くないか、うまくいくかいかないか、自信を持てるか持てないか、自由か不自由か。未来は不確定なので、何が起こるか、どんな結果が出るかは誰にもわかりません。でも、不確定な未来に対して、「こうなったらいいな」と願いを持つことはできます。

パナソニックの創業者である松下幸之助は、「はじめに願いありき」という言葉を残しています。物事を始める前に「こうなってほしい」という強い願いがあれば、その願いが進むべき方向に導いてくれるというのです。

現状は自由ではないかもしれないけれど、「私は自由だ」と宣言してしまえば、自由であるような気がしてくるものです。

言葉は新しい扉を開くためのスイッチです。「私は自由だ」と宣言すれば、そこから少しずつ状況は変わってくるはずです。まずは「こうしたい」という願いがなければ、何も始まらないのですから。

心をゆるめて休ませる言葉5

これ以上がんばれないときは思い切って休みましょう。休むことは後退ではなく、未来に進むための一歩です。

「つらいときはふーっと深呼吸。呼吸に目を向ければ自分を取り戻すことができる」

アクション

疲れを感じたら、その場でそっと目を閉じて、ゆっくり深呼吸をしてみましょう。さらに穏やかな気持ちになりたいときは、良い香りが漂う空間で深呼吸をすると心が落ち着きます。

呼吸に集中すると一点にフォーカスすることになるので、余計な思考や感情が目に入らなくなります。時間に余裕があるときは心ゆくまで呼吸を繰り返したらいいですが、焦っているときや、慌ただしく走り回っているときなど、時間がないときもあります。そんなときは、ほんの5秒でも、一呼吸でもいいので、目を閉じて深呼吸をしてみてください。

呼吸に意識を向けると心が落ち着くということは、広く知られていることですが、忙しいと後回しにされて、なかなかできないものです。でも、5秒でも1秒でもいいので、呼吸に目を向けてください。さぁ、今この場でやってみましょう。軽くまぶたを閉じて、肩と両腕の力を抜いたら、ゆっくり息を吐きます。吐き切ったら、ゆっくり息を吸います。いかがでしょう？　慌ただしさが少しリセットされましたね。心地いい集中感も生まれたので、このあとの作業もスムーズにできるようになるはずです。

「どんな感情も
私の大切な感情。
自分を抱きしめて
今日は眠ろう」

アクション

両腕を大きく広げたら、ゆっくりと体の前でクロスさせ、自分を抱きしめましょう。強く抱きしめると交感神経がオンになってしまうので、やさしく包み込むのがポイントです。

ネガティブな感情は受け入れがたいものですよね。できれば見て見ぬふりをしたいし、一刻も早く心の中から放り投げたいけれど、捨てようとすればするほど凝り固まって、いつまでも心の中に居座ってしまうのが、ネガティブな感情です。

そこで発想を転換してみましょう。「出て行ってよ！」と追い払っても居座るなら、いっそのこと「もうずっとそこにいてもいいよ」と自由にさせてあげるのです。いつも追い出されそうになってばかりいるネガティブな感情は、「そこにいてもいいよ」と言われると急にそわそわして居心地が悪くなり、自分から出て行きたくなってしまいます。普段はやさしくされることや受け入れられることがなかなかないからです。

でも、ポジティブな感情もネガティブな感情も、理由があって生まれてきた大切な感情です。分け隔てなく受け入れてあげてください。

「愚痴を言っても、弱音を吐いても、思い切り泣いてもいい」

アクション

子どもが「イヤイヤ」と言うときのように、両腕を曲げて、こぶしを握りしめて、目をぎゅっと閉じて、体を左右に細かく振ってください。嫌な思いを全力で表現しましょう。

カウンセリングをしていると、愚痴を言うことや弱音を吐くことを自分に許していない人が多いなぁとよく感じます。でも、「愚痴を言ってはいけない」「弱音を吐いてはいけない」というルールは誰が決めたのでしょうか？そして、なぜいけないことなんでしょうか。もしかするとそれは、社会的な思い込みなのではないかと私は思っています。

愚痴も弱音も、どんどん解き放ってください。内側にためるとだんだんと心が曇り、自分が本来持っていた欲求や、やりたいこと、好きなことが見えなくなってしまいます。前向きでエネルギーにあふれ、自己肯定感が高い自分に戻るためには、イライラやモヤモヤを解放してあげる必要があります。そのために愚痴と弱音を吐くことは、とってもいいことなのです！

それでも抵抗感がある人は、「いったん解放！」と宣言してから愚痴と弱音を出してみてください。解き放てば心はゆるみます。

「雨の日も、曇りの日も愛《いと》しく思えるようになったら、心は立派な一人前」

アクション

お気に入りの音楽をかけて自由に踊ってみましょう。音楽に身を任せて自由に動いてみると、静かなときもあれば激しいときもあったりと、思ってもみない動きが出てきてわくわくします。

売り上げはどうだ、数値はどうだ、何分早くなったか、いくら得をしたかなど、社会では数字ではかれる結果を求められがちで、プロセスは見過ごされやすいものです。

でも、紆余曲折《うよきょくせつ》を経たプロセスの中にも、人を成長させてくれる要素はたくさんあります。失敗の中にも成功の種はたくさんあるし、ダメだと思っていたときに突然ひらめきが生まれることもあります。うまくいくときもあればうまくいかないときもあるから、人生は彩りが豊かになるのです。

天気も同じです。雨の日や曇りの日があるから晴れの日のすがすがしさが味わえます。また、雨の日や曇りの日があるから、静かに自分の内側を見つめることもできます。何を感じるか、何を思うかは、人それぞれ自由ですが、自分の身に起こることのすべてを愛おしく感じられるようになったとき、自己肯定感はぐんと高まっていきます。

「迷っても、回り道でもいい。目だけは前を向いていよう」

アクション

山を登っているようなつもりで、胸を張って腕を大きく振って、リズミカルに歩きながらつぶやきましょう。にっと口角を上げて歩けば、どんな急斜面も登れる気がしてきます。

物事がうまくいかなくて八方塞がりになるときがあります。そんなときは、物理的には八方塞がりでも、心の中まで窮地に追い込まないようにしてください。

もし、八方塞がりな感じがしたら、思い切って休んでしまいましょう。休むと言っても、完全に歩みを止めてしまうということではありません。次に最適な一歩を踏み出すために休んでほしいのです。休みながらも目だけは前を見据えていてほしいなと思います。

迷ったり、回り道をしたりすると、そのプロセスが無駄なように感じられることがあります。しかしそれは、成功にたどり着くまでに必要なプロセスです。完全にあきらめてしまうほどのことではないはずです！

迷ったり回り道をしたりすることも織り込み済みで進んでいけば、いつの間にか限界を突破できるときが来るものです。

人づきあいが今よりもっとうまくなる言葉5

たくさんの気づきと成長の機会を与えてくれる人間関係から、学べるものはすべて学んでいきましょう。

「許すことができる人は、懐が深くなる」

アクション

人間関係で起こるさまざまな出来事や感情、思考をすべて受け止める気持ちで、両腕を大きく横に開いて胸を張ります。すると、何があっても動じない安定感が体の中に生まれてきます。

人に対して「許せない」と思うときは、自分が大切に守っているルールに反するようなことを相手がしたときです。「どうしてそんな言い方をするの？」「なんでそんな顔するの？」「その一言が許せない！」と思うのは、自分が絶対にそれをしないと決めているからです。

そんなときは、「そのルールって本当に必要？」と自分に問いかけてみてください。もしかすると、そのルールを守ることをやめたほうが、自分の心もラクになるかもしれないし、ルールを多少変更したほうがいいこともあるでしょう。

さらに、相手と自分の間に境界線をしっかり引いて、「この人はこういう人なんだ」と理解できるようになると、相手の言動にいちいち心が乱されることが減っていきます。ちょっと苦手だと思っている人を前にしても、身構えることがなくなっていくはずです。

「嫌いな人、苦手な人がいるときは、相手をよく観察してみよう。自分と似ているのかも」

アクション

手鏡に自分の顔を映しながらつぶやきましょう。「あの人が嫌！」と言っているときの顔は、相手と似ているかもしれません。変えたい部分を探すつもりで鏡を覗いてみましょう。

「嫌い」「苦手」と思ったということは、自分のセンサーにピピッと反応したということです。では、どんなセンサーに引っかかったのでしょう。

それは、「ここを変えたい」と思っている自分の一部分を、相手も持っているときです。まるで鏡のように相手に自分の姿を重ね合わせて見ていると、自分の嫌な部分が浮かび上がってくる気がして、「嫌い」「苦手」と思ってしまうのです。

好きな食べ物はころころ変わるのに、苦手な食べ物はなかなか変わらないですよね。それと同じで、自分の性格も好ましくない部分ほどなかなか変えられないものです。なぜなら、嫌なものは見たくないので、見て見ぬふりをするからです。

苦手な人は、「ここを変えたらいいよ」と教えてくれる貴重な人です。目をそらさず、相手を通じて自分を観察してみましょう。

「自分が相手を肯定すれば、相手も自分を肯定してくれる」

アクション

自分と相手の存在を肯定するように、親指を立ててグッドポーズをしながらつぶやいてみましょう。相手に向けた「いいね」のサインは、同時に自分にも向いています。

人とコミュニケーションをするときは、相手の心をノックするようなイメージで話しかけてみましょう。そのとき、どんな強さで叩くかで、相手の反応は変わってきます。トントントンと軽く叩けば相手も穏やかな反応を返してくれるし、ドンドンドンと強く叩けば、相手からは同じ強さのリアクションが返ってきます。

人間関係がうまくいかなくなると、「だって相手が不機嫌な雰囲気を出すから」と、相手のせいにしてしまうことはよくあります。しかし、肯定的な雰囲気は、相手が出してくれるのを待つのではなく、こちらから積極的に出したほうが、自己肯定感は高まります。

その結果、相手がやはり不愛想だったとしても、気にすることはありません。その人とは縁がなかっただけ。「地球上には78億人がいる」とつぶやいて、本当に大切にしたい人に割く時間を増やしましょう。

「聞く耳を育てることが人間関係を良くする第一歩」

アクション

「うんうん」と、首を大きくゆっくり縦に振りながらつぶやきましょう。人と会話をするときは、がんばってその場を盛り上げたり、無理にテンションを上げたりする必要はありません。

子どもを持つお母さんが、「うちの子は何を聞いても返事がそっけなくて、会話が続かないんです」という悩みを打ち明けてくださったことがあります。こういう場合、子どもは何も話したいことがないわけではなく、話してもちゃんと聞いてもらえないから話さないということがよくあります。

相手との関係を良くしたいと思ったら、いつもの3倍は相手のことを承認してあげてください。「素敵だね」「よかったね」「いいじゃない」と、たっぷりと相手をほめます。さらに、いつもの9倍、話を丁寧に聞いてあげてください。「それでそれで?」「うんうん」「そのときどう思ったの?」「へえ、そうだったんだ」「なるほどね」と、相手が楽しく話せるような相づちを打ちます。そのベースがあれば、人間関係は必ず良くなります。

ポイントは心を込めて相手の話に耳を傾けること。勝手に解釈したり、「実は私もね」と相手の話を奪ったりしないようにしましょう。

「私はいつも
あなたの幸福を祈っている。
そして同時に、
私が幸福であることも
祈っている」

アクション

両方の人差し指を口角に当てて、にーっと思い切り上げて笑ってみましょう。幸せなことがなくても、口角がぎゅっと上がると、不思議と人にも自分にもやさしくなれるものです。

人間関係を損得勘定で選ぶ人がいますが、本来、人間関係には損も得もありません。学びがあるだけです。

もし損や得があるとしても、「損をしたな」という経験は、今後の人間関係をさらに良くしていくために、そして、自分が本当に大切にしたい人や、これからもつながっていきたい人を明確にするために必要です。

そもそも、人間関係の大前提は「人は人、私は私」です。相手は自分の幸せを求めていて、私は私の幸せを求めているので、それぞれの幸せに集中すればいいだけです。誰かに幸せにしてもらおうとか、誰かにいいことを与えてもらいたいと思うのは、まだまだ自立ができていない証拠です。

自立した自己肯定感が高い人は、相手の幸福を祈ることができます。そして、同じように自分の幸福を祈ることができます。人は、相手の幸福を祈れるようになったとき、大きな幸福感を得ることができるのです。

一日のストレスがすーっとなくなる夜の言葉5

夜は自分をねぎらう時間です。できなかったことではなく、できたことを数えて、自分を認める時間にしましょう。

毎日がんばっている自分をじんわり抱きしめて、「今日はおつかれさま」。

アクション

両手でじんわりゆっくり、ぎゅーっと自分を抱きしめてあげましょう。10秒から20秒くらい時間をかけて、自分に愛を与えてあげます。にっこり微笑《ほほえ》みながら行なうといいでしょう。

一日が終わってゆっくりしているときに、ふとその日を振り返ることがあると思います。そんなとき、みなさんの頭の中には何が浮かんできますか？自己肯定感が低くなっているときは、できなかったことや、やり残したこと、明日への不安などが浮かんできてしまうのではないでしょうか。

夜になると反省会をしてしまいがちですが、できなかったことがあったとしても、その日をただ生き抜いたというだけで素晴らしいことです。「今日もありがとう」「おつかれさま」「よくがんばったね」と、ぜひ自分をほめてあげてください。

がんばりすぎていると視野が狭くなり、自分が「したこと」や「できたこと」を見過ごしてしまいがちです。でも、あなたは今日も、できるかぎりのことをしたはずです。ぜひほめてあげてください。夜に自分をほめることは、明日を元気に過ごすためのエネルギーになります。

今日できたことを一つ思い浮かべて、「上出来！」と自分をほめて。

アクション

片手を握ってパンチをするように前に出しましょう。「上出来！」の他に「できた」「やったー」「素晴らしい」「天才」など、徹底的に自分をほめる言葉を加えるのもおすすめです。

自己肯定感が高くなると、物事の肯定的な側面に焦点を当てることができるようになります。夜は、その練習をするのに最適な時間です。

一日を振り返り、自分が輝いていた瞬間を一つだけ思い出してみてくださ い。そして、そのシーンを思い出したら「上出来！」と全力でほめてあげてください。

夜は疲れがたまっているので、物事の否定的な側面しか見られなくなります。疲労感が冷静な思考を奪い、前向きなエネルギーがしぼんでしまうからです。なので、湯船につかったり、ソファでくつろいだり、布団で横になったりしてリラックスして、快のエネルギーが湧いてくるのを待ってから、上出来なシーンを思い出してあげてください。

どんな小さなことでもいいのです。「これができて最高だったよ！」と語りかけると、自己肯定感はじわじわと上がっていきます。

やる気が出ないなら、「明日できることは明日！」と、やめてしまおう。

アクション

大変なことを全部手放すつもりで、お手上げのポーズをしながらつぶやきましょう。また、手首をぶらぶらさせると心が軽くなり、身軽になった体にはエネルギーがたまっていきます。

やらなくてはならないことが残っていても、あと少しがんばりたくても、エネルギーが底をついているなら、ガソリンがなくなった車のように動けなくなってしまうのは当然です。

そういうときは潔く休憩をとったり、作業を翌日に持ち越したりしたほうが、エネルギーが充電されて元気を取り戻せます。

それなのに、がんばれないことを「逃げ」だと感じてしまう人が意外と多いのです！「逃げたらダメだ」「もう少しがんばらないと」と意欲があるのは素晴らしいことですが、エネルギーがゼロなら、どうしたって動くことはできません。

夜は、走れなくなった車がガソリンスタンドに立ち寄ってガソリンを満タンにするような時間です。「明日できることは明日！」「もう今日はやーめた！」と潔くやめたほうが、翌日、またがんばることができます。

「失敗した！」と思っても、「そんな日もある」と、毎日がんばる自分をねぎらって。

アクション

これは明るいあきらめの言葉です。できなかった自分をさわやかに肯定してあげましょう。泣いている子どもを慰めるように、やさしく頭をなでると気持ちが落ち着いてきます。

良い結果が得られなかった、ダメだった、失敗した、できなかった……。

そんな思いは心に暗い影を落とします。ずっしりとした重みを感じますよね。普段は自己肯定感が高い人だって、落ち込むときはあるし、自尊感情がしぼんでしまうことだってあります。

でも、自己肯定感は体調や環境によって簡単に高くなったり低くなったりするものだし、私たちはすでに、自己肯定感を高める方法をいくつも知っています！　うまくいかなくても悲観しすぎず、「そんな日もあるさ」と自分をとことん励ましてあげましょう。

「そんな日もあるさ」という言葉は、私たちは完璧な存在ではなく不完全で、まだまだ発展途上にあることを思い出させてくれます。「完璧を目指さなくてもいいんだよ」「失敗するたびに成功に近づいているんだよ」という言葉も一緒にかけてあげてください。

嫌なことが重なったら、
「もう、ぜーんぶ、
やーめたっ！」と
今夜は開き直って、
ゆっくり眠ろう。

アクション

全身の力を抜き、うつぶせになってリラックスして寝てしまいましょう。さらに、やわらかくてあたたかい布団で全身をくるんでしまえば、あとはゆっくり眠るだけです。

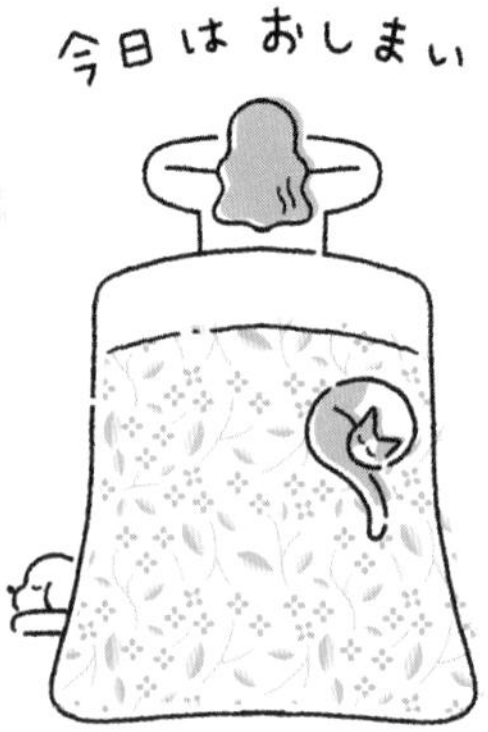

嫌なことが重なるたびに、その重みは倍になって積み重なっていきますよね。最初は1だった重さが、もう一つ重なると3か4になったような気がするものです。

思い通りにならないことが続いたら、それは「もう切り替えよう」「もうやめよう」というサインです。開き直って全部やめてしまいましょう。

私も、うまくいかなくなったときは、「全部やめた、全部やめた、全部やめた」と何度も口にします。すると、その言葉に反応するように脳も自然と切り替わっていきます。不思議なことに、ぐちゃぐちゃに絡まったネガティブな感情や思考がほどけていくのです。

今すぐに環境を変えたり、周りの人を動かしたりするのは難しいものです。だから、自分の内側をさっぱり変えてしまいましょう。そうすれば、現状を突破するアイデアが見つかるかもしれません。

第5章

ときめく毎日、自分を大切にしながら生きる自己肯定感レシピ

これでもう、
みんな自己肯定感マスターだね

自分が自分の一番の味方になったはず!

あなたはもう輝きの中にいる

さて、ここまでの章を読んできて、みなさんの内側にはどんな感覚が芽生えているでしょうか。読んでいくうちに、じわじわと自己肯定感が高まっていっているといいなぁと、私はポジティブなイメージを広げています。

私が最後の章でお伝えしたい一番のメッセージは、

「大丈夫、あなたは輝いていい！」

ということです。

これまでもお話ししてきた通り、自己肯定感は高いときもあれば低くなるときもあります。それは自分の心に原因があるというよりも、体調がすぐれない、天気が悪い、仕事や家事で忙しくて気力と体力に余裕がない、寝不足、疲れている、トラブルを抱えている、うまくいっていない人間関係がある……など、日々降り積もる小さな外的要素が原因になっていることがほとんどです。

自分を取り巻く環境に波風が立っておらず、自由に動き回れるとき、心は自然と自己肯定感に包まれているものです。

それさえわかっていれば、自己肯定感が下がっていても、気にしすぎる必要はありません！　私たちはすでに、自己肯定感を高めるスイッチをたくさん学んできているので、それを実践していけばいいだけです。

そう、自己肯定感は、すぐに、簡単に、いつでもひょいっと上げることができます。だから大丈夫。あなたはもう、やりたいことや好きなこと、挑戦したいことを我慢しなくていいし、周りのことを気にしなくてもいい！　やってみたいことをどんどんやりましょう。

完璧なんて無理に目指さなくていい

好きな自分も嫌いな自分も、まぎれもなくすべて自分です。そして、一人として同じ人間はいません。

私は、講座をしながら受講生のみなさんの顔を見ているときに、「本当に一人ひとり違う顔を持っているんだなぁ」と、楽しい気持ちになります。

これだけ違う顔を持っているのだから、一人ひとり、やりたいこと、好きなこと、挑戦したいことは全然違うだろうなぁと想像できます。ゆえに、誰かと自分を比較することなんてできないし、比較したって、そもそも違うんだから比べようがないはずです。

バラ園に行ってバラを見ていると、赤いバラは「赤いバラ」でひとくくりにしてしまいがちですが、よく見ると、同じ赤いバラだって一つひとつ表情が違うし、誰もが認める「完璧なバラ」なんてものはありません。

人間だって同じです。それぞれがまったく違う個性を持っていて、「完璧な人」なんていないから社会は多様で豊かになっていくし、それぞれの良さを持ち寄って社会を作り上げていけば、きっとみんなにとって安心・安全な居場所が作られていくと思うのです。だから、完璧を目指して無理をしないでください。比べるのは他者ではなく、昨日の自分です。

今この瞬間が未来につながっている

私は、この本の中で、何度もみなさんに問いかけています。

「あなたが本当に大切にしたいものは何ですか？」

その問いには、あなた以外の誰も答えることはできません。一人ひとり違う感性を持っているからです。

もしかすると人生は、その答えを探し続ける旅なのかもしれません。

その旅では、素晴らしい出会いもあるし、くじけそうになることもあります。そのたびに、自分の手で学びを得て、それを糧に自分の足で歩いていく。何があっても前を向いて歩き続ける。その過程の中で、自己肯定感は高められていきます。

一人ひとりがユニークで、一人ひとりが魅力的。

そして、一人ひとりが自分という大輪の花を咲かせてほしい！

そのエネルギーは人から人へとつながり、社会全体にポジティブなパワーを広げていくはずです。そのためにも、あなたが最初のムーブメントを巻き起こしていってほしいのです。

そんなみなさんに、お守りとして最後に授けたい、自己肯定感を上げる言葉があります。

「私は輝いていい！」

曇りの日でも雨の日でも台風の日でも、この言葉をお守りにして、自分がさんさんと輝く太陽になってください。人生にはつらいこともあります。だけど、楽しいことや輝ける時間だっていっぱいあります。そのことを忘れずにいてほしいと思います。

「自分らしく」なくても大丈夫

輝く――。

それは、特別なことをするということではありません。「自分らしく生きる」ということとも少し違います。そもそも、「自分らしさ」というものは、いつも揺れ動いているものですし、「これ」と一つに決めることは執着につながってしまうので、「自分らしさ」は、あってもいいけれど固執しすぎないでほしいと思います。

輝くとは、「自分が輝ける瞬間」を探し続けるという行為そのものです。何が自分に合っていて、何をしていると笑顔になって、誰と一緒にいるとわくわくするのか、自由自在に飛び回り、探し続けている姿そのものが、人を輝かせます。

だから、しなやかに、軽やかに、どんどん変わり続けていってください。

一貫性がないとか、一つのことを続けなければならないとか、これを絶対に守らないといけないとか、そういった窮屈な価値観はもういりません。自分を輝かすにはどうすればいいかを考えて、自由に飛び回ってください。

今日という一日はあなただけのもの

輝き続ける自分になると、不思議なことが起きます。周りに、同じように輝いている人たちが集まってくるのです。

本音を打ち明けて話すことができ、お互いのためならいくらでも力を差し出すことができて、自分を応援するように相手のことも応援でき、離れているときもお互いの幸せを祈り合えるような、そんな仲間が増えていきます。

自分で自己肯定感のスイッチをパチッとオンに切り替えられる人たちの存在は、人生という旅を共に歩く仲間のようなものです。歩んでいる道はそれぞれ違うけれど、自己肯定感の大切さを知っている人の存在は、あなたの心に大きな勇気を授けてくれます。

この本を読んでいるみなさんは、まさにその道の仲間です！

周りには、あなたの心を支えてくれるしなやかな心の持ち主がたくさんいます！

何があっても大丈夫。

この本は、あなたらしいスタイルで、幸せに、ポジティブになるためのお守りです。さぁ一緒に、これからずっと続く「今日」という一日を、輝きながら歩んでいきましょう。

おわりに

人生は短い。そして、シンプル。
難しく考える必要はありません。
好きなこと、やりたいことを探す旅に出ましょう。
あなたが生きているのは、誰のものでもない、あなただけの人生です。
私は本書の帯に、「愛されて輝くマイ・スタイル・ブック」と書きました。
「愛される」ってどういうことでしょう？
誰かに愛されるということ？
いいえ、違います。
私たちが一番「愛されたい」と思っている相手。
それは自分自身です。

自分を愛し、自分に愛される。

それが、「自己肯定感がある」ということです。


本書を読んだみなさんには「自分を愛する勇気」がすでに備わっていると思います。


「自分はダメだ」「自信がない」「勇気がない」

そんな人生はもう終わりです。

私たちは楽しく生きていい、やりたいことをやっていい、自由に羽ばたいていい。

幸せになることに遠慮はいらないのです。


嫌なことがあるなら思い切ってやめましょう。

心をすり減らすようなこともやめましょう。

自分を傷つけることには、きっぱり「NO!」と言いましょう。

あなたの未来は明るい。
朝、起きたときの光はあなたをやさしく包み込み、日中活動しているときは、体中の細胞がいきいきしている。わくわくは止まらないし、これから生きていく道は光に照らされている。夜はゆっくり休むことができ、充実した一日を祝福する言葉が心身を駆けめぐる。

あなたは、幸せになるために生まれてきたのです。
あなたは、自分が思うままに生きるために産声を上げたのです。

時代はますます先行きが見えなくなりました。
こんなときこそ自己肯定感が必要です。
何が起きてもしなやかに対応できる心が、今こそ必要とされています。
つらくなったり、落ち込んだり、自分が進むべき道がわからなくなったりしたときは、本書のどのページでもいいので開いてください。

一ページでも一行でも、読むだけで前向きになってほしい。そんな思いで書きました。


私は全力で、みなさんの幸せを祈っています。自分を信じて胸を張って、自由に、ありのままに生きていく幸せの扉はもう開いています。

人生は一度きり。

終わりを迎えるときまで、この人生を味わい尽くしていきましょう。


本書を手にしたあなたは、その最初の一歩を踏み出したのです。

新しい変化をあなた自身が生み出したのです。

これまでよりもっとポジティブになったあなたの人生にエールを送ります。

あなたにふさわしい、素晴らしい人生が始まりました。

おめでとう!

『うまくいっている人がしている 自己肯定感を味方にするレッスン』

ご購入者様限定 7大特典

特典1　一瞬でポジティブに変わる10のシート

不安、怒り、悲しみなど、代表的な10のネガティブな感情が生まれたとき、一瞬でポジティブに切り替える方法をお伝えします。ものの見方、考え方を切り替える練習になります。

特典2　一日を楽しく過ごすご機嫌ルーティン

朝、昼、夜の時間帯別に自己肯定感が安定するアクションをご紹介します。毎日の中にご機嫌な時間が少しでも増えていけば、一日が終わったときに安心感と満足感に包まれます。

特典3　自己肯定感がぐんぐん高まる質問ノート

ポジティブな質問を自分に投げかけると、考え方が前向きになります。人生で大切なことは何？　これから先の人生でやりたいことは？　質問に答えて自分の人生をデザインしましょう。

特典4　見るだけで自己肯定感が高まる待ち受け画像

何を見るかで自己肯定感は上がったり下がったりします。スマートフォンの待ち受けが美しかったら、気分が上がりますよね。中島輝おすすめの、自己肯定感が高まる画像をプレゼント！

特典5　中島輝おすすめ！自己肯定感が上がる神社

神社にお参りすることを習慣にしている中島輝が、おすすめの神社を大公開。心と体を整えるために訪れているお気に入りの神社や、運を高めたいときに訪れている神社をご紹介します。

特典6　幸せのサイクルに乗る日めくりカレンダー

一カ月のはじめから終わりまで、「これをやるといい！」ということを31日分ご紹介します。一日一つ心が躍ることをするだけで、一カ月後には幸運のサイクルに乗っています。

特典7　12星座別 自己肯定感が上がる開運言葉

12星座ごとに基本性格や響く言葉は違います。星占いにも精通する中島が、12星座ごとに開運言葉を考えました。自分だけではなく親しい人の星座もチェックしてみてください。

お申し込みは
こちらから!

装幀	小口翔平＋加瀬 梓（tobufune）
カバー写真	アフロ
イラスト	たかなかな
校正	ぷれす
コーディネーター	久保田知子（コミュニケーションデザイン）
協力	飛田 剛、神宮寺 空
編集・構成	小笠原綾（『PHPスペシャル』編集部）

中島 輝（なかしま・てる）

自己肯定感の第一人者、心理カウンセラー、自己肯定感アカデミー代表、トリエ代表。

５歳で里親の夜逃げ、９歳頃からHSP、双極性障害、パニック障害、統合失調症、強迫性障害、不安神経症などの心身の不調に苦しむ。25歳で背負った巨額の借金が原因でパニック障害と過呼吸発作が悪化。10年間引きこもり生活を送り、自殺未遂を繰り返す。そんな中、独学でセラピー、カウンセリング、コーチングを学び、セルフカウンセリングとコーチングを10年間、毎日実践する。恩師の死をきっかけに35歳ですべてを克服すると、心理学、脳科学、NLPなどの手法を用いて独自のコーチングメソッドを開発。以降は、Jリーガー、上場企業の経営者など15,000名を超えるクライアントのメンターとして活躍。問題解決率95パーセント、６カ月で800名以上の予約待ちになるほどの爆発的人気を誇るようになる。「奇跡の心理カウンセラー」と呼ばれ、メディア出演オファーも多数。現在は自己実現のカリスマとして、自己肯定感の重要性をすべての人に伝え、自立した生き方を推奨することをミッションに活動。新しい生き方を探求する「輝塾」を開催するほか、中島流メンタルメソッドを広く知ってもらうために「自己肯定感カウンセラー講座」「自己肯定感コーチ講座」「HSPカウンセラー講座」などを主催し、講座は毎回満席に。著書に『自己肯定感の教科書』『自己肯定感ノート』『自己肯定感diary』（以上、SBクリエイティブ）、『１分自己肯定感』（マガジンハウス）、『大丈夫。そのつらい日々も光になる。』（PHP研究所）などがあり、海外でも多数翻訳されている。

◎中島 輝 オフィシャルサイト
https://www.teru-nakashima.com
◎自己肯定感アカデミー
https://ac-jikokoutei.com
◎趣味・資格・副業、取り柄を活かすならtorie
https://toriestyle.com

自己肯定感アカデミー

QRコードからも
アクセスできます

うまくいっている人がしている
自己肯定感を味方にするレッスン

2021年3月4日　第1版第1刷発行

著　者　中島　輝
発行者　後藤淳一
発行所　株式会社ＰＨＰ研究所
東京本部　〒135-8137　江東区豊洲5-6-52
出版開発部　☎03-3520-9618（編集）
普及部　☎03-3520-9630（販売）
京都本部　〒601-8411　京都市南区西九条北ノ内町11
PHP INTERFACE　https://www.php.co.jp/
組　版　朝日メディアインターナショナル株式会社
印刷所　図書印刷株式会社
製本所　東京美術紙工協業組合

ISBN978-4-569-84742-9